解放军外国语学院博士文库项目

语言文化单位的修辞学研究

李宝玲 ◎ 著

中国出版集团
世界图书出版公司

图书在版编目（CIP）数据

语言文化单位的修辞学研究：描写与阐释/李宝玲著．—广州：世界图书出版广东有限公司，2015.5
 ISBN 978-7-5100-9644-0

Ⅰ.①语… Ⅱ.①李… Ⅲ.①修辞学－研究 Ⅳ.①H05

中国版本图书馆 CIP 数据核字（2015）第 095065 号

语言文化单位的修辞学研究：描写与阐释

策划编辑：刘正武
责任编辑：程　静　张东文
出版发行：世界图书出版广东有限公司
　　　　　　（地址：广州市新港西路大江冲 25 号　邮编：510300
　　　　　　网址：http://www.gdst.com.cn）
联系方式：020-84451969　84459539　　E-mail：pub@gdst.com.cn
经　　销：各地新华书店
印　　刷：广州佳盛印刷有限公司
版　　次：2015 年 6 月第 1 版　2015 年 6 月第 1 次印刷
开　　本：880 mm×1230 mm　1/32
字　　数：224 千
印　　张：8.25
ISBN 978-7-5100-9644-0/H・0948
定　　价：35.00 元

版权所有　侵权必究
咨询、投稿：020-84460251　　gzlzw@126.com

#　摘　要

在跨语言、跨民族、跨文化交流方兴未艾的今天，民族间求同存异成为趋势。研究民族文化的实质，不仅可以促进对本民族以及其他民族文化的了解和把握，在新的经济与文化层次中坚持同一性与差异性的辩证性发展，也可以有效消除跨文化交际中可能出现的障碍，追求最佳交际实效。对语言学而言，研究民族文化的实质及其在言语交际过程中的体现和作用具有重要的现实意义。修辞学是研究人们使用语言追求最佳交际实效的、注重集语言层研究和言语层研究为一体的语言学分支。其中，语言层研究即修辞资源的研究是进行言语层研究的基础。具有民族文化意义的语言单位集中体现民族文化的实质。在实际运用中，尤其是在跨文化交际中，其特有的民族文化意义不仅能够增强言语的表现力和感染力，在很多时候甚至决定了言语交际的成败。因此，对具有民族文化语义的语言单位进行修辞学的系统研究，无疑是修辞学乃至语言文化学一个基础而具有现实性的课题。

鉴于修辞学并未对具有民族文化语义的语言单位进行术语上的界定，本研究借鉴语言文化学的研究成果，将具有民族文化语义的语言单位定义为语言文化学表意单位（лингвокультурологически значимые единицы），并对界定语言文化学表意单位的现有术语进行对比分析，从中选取俄罗斯语言学家沃罗比约夫（В. В. Воробьёв）提出的"语言文化单位"（лингвокультурема）作为研究对象。沃罗比约夫将语言文化单位界定为跨层次的综合性单位，并把它系统化、结构化为"语言文化场"（лингвокультурологическое поле），用以研究现代社会的民族个性（национальная личность）价值体系。从现有研究成果看，语言文化单位的有机集合体系统地体现民族文化和民族个性，其概念在外延上具有语言形态链条的完整性，研究方法具有系统性和可操作性。

纵观修辞学历史，传统修辞学对语言单位即修辞资源的研究多集中在其语言属性上，现代修辞学则注重其社会属性和功能，对其民族文化属性则较少予以关注。20世纪80年代起，随着语言学研究逐渐从"社会范式"（социальная парадигма）转向"人类中心论范式"（антропоцентрическая парадигма），修辞学研究在更新、更高的层次上实现了与哲学的联姻，形成了具有高度阐释性的修辞哲学。至此，修辞学发展成为集语言研究和言语研究为一体、描写和阐释方法并重、注重系统性研究的学科。基于此，本研究拟结合现代修辞学和新修辞学的研究模式和理论成果，从描写和阐释两个角度、语言层和言语层两个层面构建语言文化单位的修辞学系统研究模式。

全书由绪论、正文、结束语和参考文献等4个部分构成。

绪论部分论述了本研究选题的现实性，明确了研究对象、内容、目的、方法和语料来源，确定了本研究的整体结构布局，分析了预期研究成果的理论意义和实践意义。

正文分为四章。

摘 要

第一章"文献回顾和理论基础"回顾了传统修辞学和现代修辞学对语言中民族文化因素的研究历史；确定了语言文化学表意单位的修辞学研究价值；对比分析了目前学术界用于界定语言文化学表意单位的多个术语，并从中选出最适合本研究的语言文化单位作为研究对象；归纳了新修辞学的修辞观和研究取向，为本研究提供理论依据；从哲学角度证明了新修辞学研究语言文化单位的可行性；并从系统分析法出发，确定了语言文化单位的修辞学研究模式，即从语言层和言语层分别进行描写和阐释。

第二章"语言文化单位的语言层描写和阐释"构建了语言文化单位的语言层描写和阐释模式，即参照语言文化学和符号学的现有理论成果，将语言文化单位的形态系统界定为词位到超句位的完整链条；借鉴文化语义学和修辞学理论建立了语言文化单位的语义系统；挖掘了语言文化场作为方法论对修辞学的借鉴意义，即建立民族文化同义序列等；分析了语言文化单位作为修辞资源的主要特征——超个性、认知性、结构相对固定性和文化语义定型性，并对其做出修辞学界定。

第三章"语言文化单位的言语层描写"构建了语言文化单位的言语层描写模式，即首先将其在言语层的体现定义为言语文化单位，使用类型分为常规使用和非常规使用两种。其中，语言文化单位常规使用时，生成的言语文化单位不仅执行语言单位本身固有的交际功能和认知功能，还执行文化认同功能、文化传播功能、情感表现力功能、取信功能和替代功能等多项修辞功能；而非常规使用语言文化单位时，使用的语言手段从方法论上可以划分为音位、形态、句法和词汇－语义等4个层次；言语文化单位的生成模式可从对话－互文角度进行归纳；言语文化单位和语言文化单位之间的对话－互文关系使得其不仅执行交际功能、认知功能、文化认同功能、文化传播功能、情感表现力功能、取信功能和替代功能，而且还衍生了新的功能——语言创新功能。这些功能相互联系、共同作用，从而产生修辞效应（力）(стилистический эффект/сила)。

第四章"语言文化单位的言语层阐释：生成与理解"从新修辞观出发，构建了语言文化单位的言语层阐释模式，即将修辞的阐释机制划分为认知、个性化、审美、心理、文化和时代品味等6个层级，并从这6个层级对言语文化单位的生成与理解进行逐级阐释。分析得出，这6种机制并不相互孤立，而是共同作用、相互制约。其中，认知机制、审美机制、心理机制的共同作用，保障了修辞施动者预期的最佳修辞效果由"可能"变"现实"的确定性；而个性化机制、文化机制和时代品味机制则体现了修辞运作的不确定性，即个体性、民族性和开放性。正是言语文化单位生成和理解的各级机制共同作用，才使得其各项功能所共同衍生的修辞效力得以建立和实现。

结束语部分总结了论文的主要观点，并对研究前景进行了展望。本文认为，建立语言文化单位的修辞学研究模式（描写与阐释）的理论价值在于：不仅对修辞学研究来说是一种新的尝试，还和语言文化学形成学术研究方向上的互补；实践意义在于：无论是对研究对象国的民族个性与文化教养，还是对外语教学和翻译实践，都有一定的指导意义。

关键词：语言文化单位；言语文化单位；修辞学；描写；阐释

Автореферат

Данная работа посвящена стилистическому исследованию лингвокультуремы методами описания и интерпретации.

Актуальность избранной темы исследования. В наше время резко растет тенденция глобализации и укрепляется диалог между культурами и цивилизациями. «Язык — это путеводитель, приобретающий все большую значимость в качестве руководящего начала в научном изучении культуры». (Сепир, 1993: 261) Таким образом, национальная культура стала одним из главных объектов исследования сегодняшней лингвистики, и такие вопросы, как что такое существо национальной культуры, и как она проявляется и действует в речевой коммуникации, приобрели весьма актуальное значение.

Стилистика является одной из отраслей лингвистки, изучающая то, как достигнуть идеального эффекта коммуникации через языковые средства, поэтому необходимость стилистических исследований для взаимопонимания народов, диалога национальных культур стала общепризнанным фактом. С развитием современной лингвистики, вопрос взаимоотношения стилистики с культурой вызывает большой интерес у ученых. Стилистика поставила во главу угла систематическое исследование как и на языковом уровне, так и на речевом уровне. И в том числе, изучение языковых единиц — база дальнейшего научного исследования. Поэтому, языковые единицы с национально-культурным компонентом, из которых раскрывается существо национальной культуры, стали обоснованной и актуальной темой стилистики.

Исходя из того, что пока в стилистике нет термина, определяющего языковые единицы с национально-культурным компонентом, мы ввели из лингвокультурологии термин «лингвокультурема» (далее называемый ЛК), которая была впервые введена в научную практику В. В. Воробьевым. С точки зрения лингвокультурологии, ЛК, как комплексная межуровневая единица, представляет собой диалектическое единство лингвистического и экстралингвистического (понятийного или предметного) содержания. (Воробьев, 1997: 44-45) Ее изучают с целью того, чтобы описать и растолковать взаимосвязи и взаимоотношения языка и человека.

После того, как в начале 20-ого века сформировалась современная стилистика как отрасль языкознания, она сделала многое в раскрытии сути языка и закономерностей его употребления в речи. Но такие вопросы, как национальная культура соотносится с языковыми средствами, и как она действует на их употребление, пока на них обращают недостаточное внимание. В конце 20-ого века с переходом парадигмы лингвистики от «имманентной», структурной к антропологической, стилистика стала сочетать с философией на более высоком уровне, что существенно расширяет диапазон исследования стилистики и позволяет ей носить новый и интерпретационный характер. В настоящее время, стилистика стала такой отраслью лингвистики, которая ведет всестороннее исследование на обоих языковом и речевом уровнях методами описания и интерпретации.

Из вышесказанного вытекает, что систематическое рассмотрение ЛК с точки зрения стилистики является нужной и актуальной темой для сегодняшней стилистики. Поэтому в ходе диссертационного исследования, опираясь на теории современной и новой стилистики, лингвокультурологии, автор старается создать модель комплексного стилистического исследования ЛК.

Научная новизна работы заключается в том, что впервые рассмотрена актуальность стилистического исследования ЛК, впервые дано систематическое толкование ЛК с точки зрения стилистики; и впервые разработана модель интерпретации стилистических высказываний, которая использована для интерпретации рече-культуремы.

Теоретическая значимость настоящей работы состоит

в том, что уточнены необходимость и актуальность стилистического исследования ЛК; проанализированы разницы между ЛК и другими лингвокультурологически значимыми единицами; обобщены главные теории новой стилистики; создана модель изучения ЛК методами описания и интерпретации; и положения данной работы углубляют и расширяют понимание ЛК как стилистические ресурсы.

Практическая значимость исследования заключается в том, что результаты данной работы могут быть применены не только на практике преподавания русского языка, но и могут быть использованы при составлении учебных пособий и методических рекомендаций, а также при выполнении других научных работ, связанных с темами стилистики или лингвокультурологии методами описания и интерпретации.

Теоретическую основу работы составляют общелингвистические, стилистические, лингвокультурологические, лингвофилософские, культурологические и семиотические теории.

Материалом исследования послужили классические произведения китайских и русских писателей и их переводы; разные словари как «крылатые слова» (Н. С. Ашукин, М. Г. Ашукина, 1987) и лингвокультурологический словарь русского языка (Хуан Сухуа, Лю Гуанчжунь, 2005); и также используются материалы, взятые из русских и китайских газет и журналов, национального корпуса русского языка и интернета.

Методы исследования. В настоящей работе нашли свое применение описательно-аналитический метод, метод интерпретации, синхронический и диахронический подходы.

Структура работы. Диссертация состоит из введения, четырех глав, заключения и библиографического списка.

Во **введении** обосновывается выбор темы исследования, ее актуальность; определяются цель и задачи исследования; описываются методы и приемы анализа; указываются материалы работы и основа теории; выдвигается научная новизна, практическая и теоретическая значимость; приводятся сведения о структуре работы.

Первая глава диссертации «Положение исследования и теоретическая основа» посвящена разработке общей модели стилистического исследования методами описания и интерпретации. Познакомившись с историей стилистического исследования национальной культуры, мы ввели из лингвокультурологии термин ЛК, сочетали теории современной и новой стилистики для создания систематического исследования; и обосновали философские и теоретические основания исследования.

Вторая глава работы «Описание и интерпретация ЛК на языковом уровне» посвящена установлению морфологической, семантической системы ЛК, рассмотрению ее характеристики, и созданию национально ориентированного синонимического ряда.

Третья глава настоящей работы «Описание ЛК на речевом уровне» посвящена описанию того, как ЛК проявляется на речевом уровне. Мы считаем, что существуют и регулярное, и нерегулярное использование ЛК. Когда она регулярно использована, то выполняет коммуникативную функцию, когнитивную функцию, функцию культурной идентификации, функцию распространения культуры, эмоционально-экспрессивную функцию, персуазивную функцию и функцию замены. А когда она нерегулярно использована, то выполняет не только вышесказанные функции, но и функцию стимулирования развития языка.

Четвертая глава работы «Интерпретация ЛК на речевом уровне: порождение и восприятие» посвящена систематической интерпретации того, почему и как рече-культурема выполняет сказанные в третьей главе функции. Модель интерпретации исходит от новой стилистики.

В **заключении** к диссертации подведены итоги исследования и намечены направления последующего изучения поставленных в работе проблем.

Ключевые слова: лингвокультурема; рече-культурема; стилистика; описание; интерпретация

Abstract

At the meantime, driven by globalization, the research transcending languages, nationalities and cultures takes on momentum and it becomes a trend to seek commons while leaving aside differences. As to linguistics, the research on the essence of national culture, its embodiment and role in communications carries realistic significance. Rhetorics is a branch of linguistics focusing on the pursuit of maximum communication effect in the employment of language and a systematic study integrating the langue and parole researches. As a matter of fact, the research on langue, literally, rhetoric resources has laid the basis for the study of parole. Langue units endowed with national cultural meanings are the concentrated embodiment of the essence of national culture. In no doubt, a systematic study of them from the rhetoric angle is a basic and realistic subject for the rhetoric-cultural research.

Linguistics culturology is a branch focusing on the interrelations between linguistics and culture. It takes anthropocentrism as the starting point and entitled linguistic units endowed with national cultural meanings with "lingual-cultural meaningful elements", focusing on the material and spiritual cultures contained. In this paper, a comparison has been made on the terms of lingual-cultural meaningful units and selected lingual-cultural units raised by В. В. Воробьёв as the object of research.

Incorporating the theoretical achievements of modern rhetoric and new rhetoric theories, a rhetoric framework has been set up for the study of lingual-cultural units in this paper. This framework integrates the study of langue and parole by means of description and explanation, extending the rhetoric-cultural studies and complementing the linguistic culturology studies.

The paper consists of four parts, namely, introduction, main body, conclusion and bibliography.

In the introduction, the realistic significance of the research is addressed; the research subject, content, purpose, method and corpus sources are made clear; the structural layout of the paper is defined and the theoretical and realistic significance is analyzed.

The main body of the paper consists of four chapters. In Chapter One "the Theoretical Basis for the Study of Linguistic-Cultural Units", a retrospective study is made on the history of rhetoric studies of the national cultural units in language; the research value of linguistic-cultural units is assessed; terminologies related to linguistic-cultural units are analyzed and linguistic-cultural units is chosen as the research object; concepts

Abstract

and research orientations of the new rhetoric theory are analyzed; the philosophical feasibility of studying linguistic-cultural units based on the study of new rhetoric theory is assessed; and the framework of the rhetoric study of the linguistic-cultural units is defined.

In Chapter Two "Study of Linguistic-cultural Units at the Langue Level: Description and Explanation", the description and explanation framework is established for the study on linguistic-cultural units at the langue level. Drawing on the achievements of linguistic culturology and symbolics, the morphological system of linguistic-cultural units is defined as the complete chain spanning from morpheme to super-syntax units; the semantic system of linguistic-cultural units is established drawing on the theories of cultural semantics and rhetoric; the referential significance of linguo-cultural field on rhetoric studies is explored and national cultural synonym series are constituted; characteristics of linguistic-cultural units are analyzed as rhetoric resources.

In Chapter Three "Description of Linguistic-Cultural Units at the Level of Parole", parole-cultural unit is defined; the specific use of linguistic-cultural units can be divided into two categories, the conventional use and the unconventional use; analysis is made on the rhetoric functions in the conventional use of linguistic-cultural units, and systematic description is made on the linguistic means, generation mode and the functions of linguistic-cultural units.

In Chapter Four "Explanation of the linguistic-cultural units at the Parole Level: Generation and Comprehension", the explanation mechanism is divided into six levels, namely, cognition, personalization, aesthetics, psychology, culture, and taste of times; explanation of the generation and comprehension of linguistic-cultural units is made from the six levels. It concludes in the paper that the six mechanisms are not independent from each other, and they interact with each other and have checking effect on the generation and comprehension of the linguistic-cultural units. Among them, the cognitive, aesthetic, psychological mechanisms guarantee the realization of the maximum effect intended by the speaker from "possibility" to "reality", while mechanisms of personality, culture, and taste of times show the uncertainty of the rhetoric reception, namely, openness, nationality and personality. It is just because of the joint effects in the generation and comprehension of linguistic-cultural units, the rhetoric effects and functions can be produced and realized.

The conclusion summarizes the main viewpoints and examined the research prospects.

In the bibliography, credit is giving to all the literatures referred in the process of paper writing.

The paper comes to a conclusion: the theoretical significance in establishing the rhetoric framework of linguistic-cultural units study (Description and Explanation) is that it is not only a new endeavor for rhetoric studies but also a complementary

Abstract

study to cultural linguistics; the practical significance is that it is instructional for the forming of national personality and cultural cultivation, and to foreign language teaching and translation practices.

Key words: linguistic-Cultural Unit; Rhetorics; description; explanation

目 录

摘 要 ··· 1
Автореферат ·· 5
Abstract ··· 11

绪 论 ··· 1
  0.1 研究的现实性 ··· 1
  0.2 研究的对象和任务 ·· 5
  0.3 研究的方法 ·· 5
  0.4 研究的理论和实践价值 ·· 6
  0.5 研究的特点和新意 ·· 8
  0.6 研究的理论基础和语料来源 ·· 9
  0.7 研究的基本框架 ·· 10

第一章 文献回顾和理论基础 ·· 13
  1.0 引言 ·· 13
  1.1 修辞学对民族文化的相关研究 ···································· 13
      1.1.1 民族文化的概念和特征 ···································· 14
      1.1.2 语言作为民族文化研究的中介 ·························· 20

        1.1.3 修辞学对民族文化的相关研究 ················· 23
    1.2 语言文化单位——修辞-文化研究的中介单位 ········· 31
        1.2.1 语言文化单位及相关概念 ····················· 32
        1.2.2 语言文化单位的研究现状 ····················· 39
    1.3 新修辞观对语言文化单位修辞学研究模式的建构 ······ 41
        1.3.1 新修辞观 ································· 41
        1.3.2 新修辞学阐释语言文化单位使用的可行性 ········ 49
    1.4 语言文化单位的修辞学研究模式 ····················· 60
        1.4.1 语言与言语 ······························· 60
        1.4.2 描写与阐释 ······························· 63
    1.5 本章小结 ·· 63

第二章 语言文化单位的语言层描写与阐释 ················· 65
    2.0 引言 ·· 65
    2.1 语言文化单位的概念 ······························· 66
    2.2 语言文化单位的形态系统 ··························· 67
        2.2.1 沃罗比约夫对语言文化单位的形态描述 ········· 67
        2.2.2 语言文化单位的形态系统 ····················· 71
    2.3 语言文化单位的语义系统 ··························· 84
        2.3.1 沃罗比约夫对语言文化单位语义结构的界定 ····· 84
        2.3.2 语言文化单位的语义系统 ····················· 85
    2.4 语言文化场和民族文化同义序列 ····················· 95
        2.4.1 民族个性的研究方法：语言文化场 ············· 95
        2.4.2 民族文化同义序列 ··························· 99

2.5 语言文化单位的特征 ·· 102
    2.5.1 语言文化单位的场性特征 ································ 102
    2.5.2 语言文化单位的修辞特征 ································ 104
2.6 本章小结 ·· 106

第三章 语言文化单位的言语层描写 ································ 109

3.0 引言 ·· 109
3.1 语言文化单位和言语文化单位 ·································· 109
3.2 语言文化单位的常规使用 ··· 112
    3.2.1 文化认同功能 ·· 112
    3.2.2 文化传播功能 ·· 115
    3.2.3 情感表现力功能 ··· 117
    3.2.4 取信功能 ·· 121
    3.2.5 替代功能 ·· 123
3.3 语言文化单位的非常规使用（转用） ························· 125
    3.3.1 非常规使用时的语言手段 ································ 128
    3.3.2 言语文化单位的生成模式 ································ 134
    3.3.3 言语文化单位的修辞功能 ································ 141
3.4 本章小结 ·· 156

第四章 语言文化单位的言语层阐释：生成与理解 ············ 159

4.0 引言 ·· 159
4.1 修辞机制的层级 ·· 160
4.2 言语文化单位生成的深层机制 ·································· 163
    4.2.1 认知机制 ·· 163

iii

4.2.2　个性化机制 ····································· 173
　　4.2.3　审美机制 ······································· 176
　　4.2.4　心理机制 ······································· 182
　　4.2.5　文化机制 ······································· 184
　　4.2.6　时代品味机制 ··································· 189
4.3　言语文化单位理解的深层机制 ··························· 192
　　4.3.1　认知机制 ······································· 192
　　4.3.2　个性化机制 ····································· 196
　　4.3.3　审美机制 ······································· 197
　　4.3.4　心理机制 ······································· 202
　　4.3.5　文化机制 ······································· 204
　　4.3.6　时代品味机制 ··································· 206
4.4　本章小结 ··· 208

结　束　语 ·· 211
参考文献 ·· 217
后　　记 ·· 237

绪　论

0.1　研究的现实性

当前，全球化浪潮愈演愈烈，乃至成为世界发展的重要趋势，这已经是不争的事实。普遍认为，全球化是一种对世界经济文化发展特征的概括，它反映了各个国家和民族的政治、经济、文化，在当代发展中消除间隔、相互关联、相互影响的现实，也是对世界发展的整体性和互动性关系的认识。（方汉文，2003：17）在全球化浪潮的牵引下，跨语言、跨民族、跨文化交流方兴未艾，民族间求同存异成为不变的趋势。研究民族文化的实质及其在交际过程中的体现，不仅可以促进对本民族以及其他民族文化的了解和把握，在新的经济与文化层次中坚持同一性与差异性的辩证性发展，也可以有效消除跨文化交际中可能出现的障碍，追求最佳交际实效。这正是研究民族文化的现实意义所在。

文化是人类适应自然环境并从中获得自我完善与发展的过程及结果，体现为物质文化、制度文化和精神文化的集合体。人的研究不仅是一切人文学科的归宿，而且也是人类社会实践的依据。（申小龙，2000：39）因此，对文化的研究在实质上也归结为对人的研究。人在大多数情况下都不会与世界直接打交道，人们认识世界往往要通过它的表现物即知识系统来进行，由此可以了解世界图景或模式的一部分。于是，世界通过语言与文化这一中介呈现在世人面前。（彭文钊等，2006：15）20世纪中后期，随着西方哲学的发展，语言被置于哲学研究的中心地位，被赋予本体论的地位；而20世纪80年代之后随着人本主义思潮的回归，语言学逐步将人的因素置于语言研究的中心地位，即人类中心论原则被认为是现代语言学的首要原则。语言是文化（人的）研究的中介，因此，对语言学而言，研究民族文化的实质及其在言语交际过程中的体现和作用具有重要的现实意义。修辞学是研究人们使用语言追求最佳交际实效，即如何被对方心理认同与接受的语言学分支，是集语言层研究和言语层研究为一体的系统性学科。修辞学不仅关注作为修辞资源的语言单位，更注重其在现实交际中如何转化为言语，形成修辞效力。其中，语言单位即修辞资源的研究是进行言语研究的基础。具有民族文化意义的语言单位是民族文化的语言载体，集中体现民族文化的实质。在实际运用中，尤其是在跨文化交际中，这种特有的民族文化意义不仅能够增强言语的表现力和感染力，甚至在很多时候会形成交际障碍，直接决定言语交际的成败。因此，对具有民族文化语义的语言单位进行修辞学系统研究，无疑是修辞学乃至语言文化学具有基础性和现实性的课题。

鉴于修辞学并没有对具有民族文化语义的语言单位进行术语界定，本研究借鉴语言文化学的研究成果寻找合适的术语表达。目前，俄罗斯语言文化学正蓬勃发展，思想流派争鸣。基于语言与文化的互动关系，寻找一个恰当的意指单位对复杂的

语言 - 文化现象进行描写与阐释成为许多学者共同的努力方向。出于不同的学术兴趣和研究方向,学者们用不同术语对语言文化学表意单位进行了界定,其中代表性概念有:文化关键词(ключевые слова культуры, А. Д. Шмелев, Анна Вежбицкая)、观念(концепт, Д. С. Лихачёв, Ю. С. Степанов)、语言信息单位(логоэпистема, Е. М. Верещагин, В. Г. Костомаров)、语言文化单位(лингвокультурема, В. В. Воробьев)、先例(предецент, В. В. Красных)和定型(стереотип, Ю. Е. Прохоров)等。其中,沃罗比约夫(В. В. Воробьёв)提出语言文化单位的概念,将其定义为跨层次的综合性单位,并把它系统化、结构化为语言文化场(лингвокультурологическое поле),用于研究现代社会的民族个性(национальная личность)及价值体系。也就是说,语言文化单位的有机集合体是研究民族个性的中介。在同一民族 - 社会共同体内部,民族个性实为精神共性,即民族文化的实质。它是一种身份、角色、归属的认同(идентичность)标记,是整合社会生活、维系社会稳定、保持民族统一和人民团结的精神纽带,具有普适性(универсальность)、固定性(устойчивость)和稳定性(стабильность)特征。(彭文钊等,2006:75)因此,语言文化单位的集合系统地体现了民族文化的实质,其概念在外延上具有语言形态链条的完整性,研究方法具有系统性和可操作性。本研究通过比较,选取语言文化单位作为研究对象。

　　语言文化学通过语言文化单位研究其中潜隐的物质和精神文化。然而,语言文化单位在实际交际过程中如何运用,如何为听话者所接受并达到交际实效,语言文化学囿于学科研究的出发点和任务旨归并未进行深入探讨。本研究认为，从修辞学即研究使用语言追求最佳交际实效的语言学分支角度，研究语言文化单位的使用在研究方向上可与语言文化学形成互补，无论对认识、理解对象国民族个性的形成与民族文化教养，还是对外语教学和翻译实践都有着一定的指导意义。

纵观修辞学的研究历程，传统修辞学对语言单位即修辞资源的研究多集中在其语言属性上，现代修辞学则注重其社会属性和功能，对其民族文化属性则较少予以关注。从这个意义上讲，研究具有民族文化语义的语言单位及其在言语中的使用，对修辞学的研究范围也是一种新的拓展。20世纪80年代起，语言学研究逐渐从"社会范式"（социальная парадигма）转向"人类中心论范式"（антропоцентрическая парадигма），修辞学研究在新的、更高的层次上实现了与哲学的联姻，形成了以修辞哲学为主流的新修辞学。新修辞学关注修辞活动中"人"的因素，关注同为修辞主体的施受双方；强调修辞活动的目的性，主张修辞活动是有意识、有针对性地选择与调配语言；讲究修辞过程的对话性；追求受动者对修辞产品的有效心理认同和接受，即最佳交际实效。与此同时，新修辞学同样强调修辞活动的体验观，认为修辞话语意义将向主体经验世界进行投射，并在主体的经验世界得到印证，参与主体的自我构建。人们在修辞表达的同时，也阐述了修辞主体的一种价值判断。由此，新修辞学获得强大的阐释力，为语言文化单位的阐释性研究提供了可能。目前，修辞学已发展成为集语言研究和言语研究为一体、描写和阐释方法并重、注重系统性研究的学科。本研究拟结合现代修辞学和新修辞学的研究模式和理论成果，从描写和阐释两个角度、语言层和言语层两个层面构建语言文化单位的修辞学系统研究模式。

0.2 研究的对象和任务

本研究的对象是作为修辞资源的语言文化单位及其在言语实践中的运用。

本研究的任务在于建立语言文化单位的修辞学研究模式。基于修辞学集语言研究和言语研究为一体、描写和阐释方法并重、秉持系统研究方法的学科特点，本研究将语言文化单位的修辞学研究模式分为语言层和言语层两部分，并分别对其进行描写与阐释。其中，语言层的描写模式包括对语言文化单位的形态、语义、特征系统的认定，以及从语言文化场在方法论上对修辞学的借鉴意义；阐释模式则说明语言文化单位蕴含的民族文化意义的生成过程。言语层的描写模式包括语言文化单位的使用类型，在使用时所行使的功能、借助的语言手段以及产生的修辞效应；阐释模式则是借鉴新修辞学的理论成果，对言语文化单位（语言文化单位在言语中的体现）的生成与理解、修辞效应的建立与实现进行多层次的逐级阐释。

0.3 研究的方法

总体来说，本研究将主要采取描写与阐释相结合、静态与动态研究相结合、理论与实践相结合的研究方法，力图建立语言文化单位的修辞学系统研究模式。

语言学的任务是研究人类语言活动中的各种语言现象，总结其中所表现出来的规律性和因果性。语言学既有对语言的个别现象或事物的陈述所构成的经验知识，也有对语言现象或事实进行解释的理论知识，描写和阐释构成了语言学研究的基本方法论。其中，描写是阐释的基础，研究目的是"知其然"；阐释是描写的发展，研究目的是"知其所以然"。本研究拟从修辞学角度出发，将两种研究方法有机结合在一起，为研究语言文化单位构建清晰而完整的理论框架。

新修辞学是一门跨学科的综合性学科，其重点是研究构成语言交际的各种要素：意识形态、思维方式、语言系统以及与之相适应的交际方式及规律。而这一切均以民族文化为基础，是民族文化的表现、表象及方法。研究在现代社会中如何有效使用话语凝聚社会文化群体，探讨话语如何在社会事务中发挥作用，关注篇章生成与理解的动态过程具有一定的现实意义。从修辞学角度研究语言文化单位，除了关注语言文化单位作为修辞资源的各种属性外，更需要研究其在修辞过程中的具体运用，即言语文化信息单位的生成和理解机制，最终实现静态与动态研究相结合、理论与实践相结合，完成语言文化单位的修辞学研究模式化理论建构。

此外，本研究在具体问题上也会采用分析法、归纳法、图表法、举例法、对比法等在语言学研究中得到普遍应用的方法。其中，对比法以对比俄汉语料为主。

0.4 研究的理论和实践价值

本研究的理论价值在于：

（1）回顾修辞学研究民族文化的历史，确定了从修辞学研究语言文化单位的必要性和可行性。

（2）在对语言文化单位的研究上与语言文化学形成研究方向

上的互补。

（3）论证了从修辞学方向研究语言文化单位的必要性和可行性，实现了修辞学对民族文化的研究范围的拓展。

（4）对比了语言文化单位和其他语言文化学表意单位的异同。

（5）分析了西方修辞哲学和对话性理论在新修辞学中的核心地位，并对新修辞观进行综述和归纳。

（6）建立了语言文化单位的修辞学研究模式，不仅从语言层面对语言文化单位进行描写和阐释，还从言语层面对言语文化单位的功能，以及生成、理解的深层机制进行了多级挖掘。

本研究的实践价值在于：

（1）研究成果可以直接应用于外语教学，加深外语学习者对语言文化单位的综合认识，增强其语言文化能力和文化意识，提高跨文化交际的有效性和针对性。

（2）本研究对语言文化单位完整链条的描写为编写民族文化同义序列词典提供了理论依据和实践借鉴，为词典学的发展提供新的视角。

（3）本研究开辟的研究角度和范式为语言文化单位对比研究提供了基础，所提出的语言文化单位的层级性具有进一步细化研究的价值和可能，因此本研究成果对语言文化学和修辞学方向的研究生撰写相关科研论文有一定的参考价值。

（4）研究成果对研究对象国的民族个性与文化教养有着一定的参考意义。

0.5 研究的特点和新意

本研究的特点主要体现在以下 6 个方面：

（1）将语言研究和言语研究结合起来，对语言文化单位进行系统考察。

（2）使用描写和阐释相结合的研究方法，对语言文化单位进行综合考察。

（3）将历时研究和共时研究相结合，不仅关注语言文化单位的民族文化语义的生成过程，更侧重其在言语层的表现形式、功能，以及生成与理解的深层机制。

（4）本研究属于跨学科研究，是语言文化学和修辞学交叉研究的一次尝试：不仅从修辞学角度系统地考察语言文化单位，还将语言文化研究的最新理论、方法和成果应用于修辞学研究。

（5）本研究属于综合性研究，广泛结合文化学、符号学、心理语言学、认知语言学、文学、美学、阐释学以及翻译学等相关学科的研究方法和成果，多角度综合分析修辞过程。

（6）由学科性质决定，本研究将突出"人的因素"，即人类中心论在语言文化学和修辞研究中的基础作用。

本研究的新意主要体现在以下 6 个方面：

（1）从修辞学考察语言文化单位，无论对修辞学，还是对语言文化学来说，在选题上都具有一定的新意。

（2）从历时和共时角度重新考察修辞学的修辞观和研究模式，并提出自己的观点，确立本研究的理论基础和研究模式。

（3）首次从修辞学角度研究语言文化单位，建立语言文化单位研究的修辞学模式,对修辞学而言是一种崭新的尝试。

(4)通过建立"语言文化单位"的修辞学研究模式,与语言文化学的研究形成互补,使语言文化单位的研究更加系统和完善。

(5)本研究既适合进行单一语言的描写和阐释研究,也可进行两种或多种语言的对比研究,实践成果对促进民族文化交流可起到一定的促进作用。

0.6 研究的理论基础和语料来源

本研究的理论基础主要包括:俄罗斯语言文化学思想、俄罗斯修辞学理论、巴赫金对话性理论、美国新修辞学理论、中国修辞学理论、文艺批评学的互文理论,以及符号学、文化学、心理语言学、认知语言学、词汇语义学、美学、翻译学等相关学科的研究成果。具体来说,通过参考沃罗比约夫的语言文化学思想,确定本研究的研究对象——语言文化单位;通过参考各国修辞学理论、对话性理论和互文理论,确立本研究的修辞学理论基础;通过借鉴相关学科如符号学、文化学、心理语言学、认知语言学、词汇语义学、美学、翻译学等学科的研究成果,共同构建语言文化单位的修辞学系统研究模式。

语料来源主要有三类:第一类是语料库,主要参照俄罗斯国家语料库(Национальный корпус современного русского языка, http://www.ruscorpora.ru)和北京大学语言学研究中心建立的现代汉语语料库等;第二类包括俄汉语经典文学作品或译作,民间口头创作、童话、寓言、神话以及多部词典、百科全书;第三类是俄汉报刊和网络,主要有发行量较大的《Комсомольская правда》及其网站 http://www.kp.ru/，专业网站 http://aforism.ru/（литературный портал мудрости и острословия всех времен и народов），http://www.aphorism.ru/dal/（афоризмы, мысли, фразы）等。

0.7 研究的基本框架

全书由绪论、第一章"文献回顾和理论基础"、第二章"语言文化单位的语言层描写与阐释"、第三章"语言文化单位的言语层描写"，第四章"语言文化单位的言语层阐释：生成与理解"、结束语及参考文献等 7 个部分构成。

绪论部分简述本研究选题的现实性、研究对象和任务、研究方法、理论意义和实践意义、特点和新意、理论基础和语料来源、基本框架。

第一章"文献回顾和理论基础"通过文献回顾和共时性理论分析，论证了修辞学研究具有民族文化语义的语言单位的必要性；对多个语言文化学表意单位进行对比分析，选择语言文化单位作为本研究的研究对象；对新修辞学的理念进行综述和分析，确定了本研究的修辞观和研究取向；从哲学角度明确了修辞学研究语言文化单位的可行性；参照现代修辞学和新修辞学的理论成果，确定了修辞学研究语言文化单位的基本模式，对全书结构进行展望，从而奠定了修辞学研究语言文化单位的理论基础。

第二章"语言文化单位的语言层描写和阐释"旨在从语言层对语言文化单位进行描写，主要集中在语言文化单位的形态、语义和特征系统，语言文化场对修辞学研究的方法论借鉴意义以及语言文化单位的修辞学界定上。

第三章"语言文化单位的言语层描写"旨在从言语层对语言文化单位进行描写，即描写语言文化单位的使用情况。语言文化单位的使用类型可分为常规使用和非常规使用两种。本章将语言文化单位在言语层的体现界定为言语文化单位，并对其在常规使用和非常规使用时所行使的修辞功能，以及非常规使用时采用的语言手段、言语文化单位的生成模式进行系统分析和归纳。

第四章"语言文化单位的言语层阐释：生成与理解"构建了语言文化单位的言语层阐释模式，即参照第一章确定的修辞观，将修辞的阐释机制划分层级，并从各个层级对语言文化单位在言语层的生成与理解进行阐释。

结束语部分对全书的主要观点进行了总结，对本研究取得的成果及存在的问题予以了说明，并对研究前景做出展望。

参考文献中列举了本书撰写过程中参考的所有文献。

第一章 文献回顾和理论基础

1.0 引言

在当今世界,全球化浪潮愈演愈烈,乃至成为当代世界发展的重要趋势,这已经是不争的事实。普遍认为,全球化是一种对于世界经济文化发展特征的概括,它反映了各个国家民族的政治经济文化在当代发展中消除间隔、相互关联、相互影响的现实,也是对世界发展的整体性和互动性关系的认识。(方汉文,2003:17)在全球化浪潮的牵引下,跨语言、跨民族、跨文化交流方兴未艾,民族间求同存异成为趋势。研究民族文化的实质及其在交际过程中的体现和作用,不仅可以促进对本民族以及其他民族文化的了解和把握,在新的经济与文化层次中坚持同一性与差异性的辩证性发展,也可以有效消除跨文化交际中可能出现的障碍,追求最佳交际实效。修辞学是语言学的分支,研究人们如何使用语言追求最佳交际实效。因此,从修辞学角度研究民族文化在交际过程中的体现和作用具有一定的现实意义。

1.1 修辞学对民族文化的相关研究

本节从文化的概念和特征谈起,从历时角度回顾修辞学的研究角度和成果，及其对民族文化的相关研究。

1.1.1 民族文化的概念和特征

1.1.1.1 文化的概念

现代学术界对文化的研究如火如荼。文化究竟是什么？由于其语义的丰富性和涉及领域的广泛性，不同学科对其有不同的解释，即使相同学科也因其切入点、研究重点的不同而对其有着不同的阐释和界定。西方各民族语言中的"文化"一词来源于拉丁文"cultura"，它有多种含义，如耕种、居住、练习、敬神、留心等，但主要的是耕种的意思，并进而引申为对人类心灵、知识、情操、风尚的育化及结果。美国文化人类学家克罗伯（A. L. Kroeber）和克拉克洪（C. Kluckhohn）在《文化：概念和定义的批判回顾》中列举了欧美对文化的 160 多种定义，并进行了归纳和总结。他们认为这些概念基本上都接近，所不同的只是方法而已。其中，最早提出文化定义的是"人类学之父"——19 世纪的英国学者泰勒（E. B. Taylor）。他在 1871 年出版的《原始文化》一书中指出："文化或者文明就是由作为社会成员的人所获得的，包括知识、信念、艺术、道德法则、法律、风俗以及其他能力和习惯的复杂整体。就对其可以作为一般原理的研究的意义上说，在不同社会中的文化条件是一个适于对人类思想和活动法则进行研究的主题。"这一定义得到了学术界的广泛认同，在文化理论研究领域堪称经典。它将文化定义为包括观念形态和行为方式，提供道德的、理智的、规范的、特定的生活方式的整体；认为文化是学习而得的行为方式，为社会成员所共有；文化作为信息、知识和工具的载体，是社会生活环境的映照。泰勒的定义虽然是描述性的，但却第一次赋予文化一个整体性概念。后来的文化定义，都没有超出泰勒把文化看成是一个复杂的整体的基本观念的范畴。不过，泰勒并没有将"物质文化"列入文化的范围内。我们知道，物质文化是精神文化产生的条件和基础，同时精神文化又对物质文化的发展起着指导作用。因此，抛开物质文化谈精神文化可能只是"无本之木，无源之水"，文化的定义中应该包括物质文化。20世纪30年代，英国人类学家马林诺夫斯基（B. K. Malinowski）发展了泰勒的文化定义，将物质文化归入了文化的范畴。他在《文化论》一书中将文化界定为："文化是指那一群传统的器物、货品、技术、思想、习惯及价值而言的，这概念包容着及调节着一切社会科学。"他还进一步把文化分为物质的和精神的两个层级，即所谓"已改造的环境和已变更的人类有机体"两种主要成分。

在中国，"文化"一词的含义十分广泛，读书写字、修养、文学、艺术、文博、图书、考古学、民俗、礼仪、民族、宗教等都可称作文化。对这一概念所下的定义，历来莫衷一是。"文化"一词在我国的出现可追溯到西汉，刘向的《说苑·指武》中有这样几句话："圣人之治天下也，先文德而后武力。凡武之兴为不服也，文化不改，然后加诛。"这里所说的"文化"是与"武力"相对的教化。更早在《易·贲卦》（《象传》）中也有这样的句子："观乎天文，以察时变；观乎人文，以化成天下。"针对句中所谓"人文"、"化成"，孔颖达在《周易正义》中解释说有两个内容：一是指典籍，一是指礼仪风俗。这样，"文化"一词在古代的含义，当指文治教化、礼乐典章，这一认识一直延续至近代。然而，我们今天使用的"文化"一词，是19世纪末期通过日文转译从西方引进的,其含义与古代不尽一致。当时,人们并没有专门为它下过定义,只是根据自己的需要和理解去使用它。中国人的思维具有整体性和模糊性的特征,因此在进行推理研究时,不像西方人那样必须先要有一个严格的定义或界说。这种思维方式有其偏颇之处,但也有其方便可取之处。对于"文化"这一概念,可以用这种整体性和模糊性的办法去处理:不去精确界定其内涵、外延,而是尝试从集合的角度对这一概念的范围做一个限制,将看似包罗万象的文化归纳为几个方面进行研究。我国国学家庞朴先生在其《文化结构与近代中国》一文中提出了这样一个观点,即认为文化可以包括人的一切生活方式和为满足这些方式所创造的所有事物,以及基于这些方式所形成的心理和行为。文中将文化分为3个层面:物质的—制度的—心理的。其中,文化的物质层面是最表层的,而审美趣味、价值观念、道德规范、宗教信仰、思维方式等属于最深层,介乎于两者之间的是种种制度和理论体系。这3个层面恰是现代科学三大部类所研究的对象:自然科学研究文化的物质部分;社会科学的研究对象和成果体现为文化中间的那个层面,即理论的制度的部分;人文科学主要研究文化的深层结构,即精神文化部分。(庞朴,1986)

上述各种文化定义互有长短,反映了近现代人类学家、社会学家和社会心理学家对文化认识的历史过程。本研究认为,文化是人类适应自然环境并从中获得自我完善与发展的过程及结果,体现为各种物质与生存条件、各种知识和经验、各种风俗和习惯、各种意识与行为、各种能力与方式,是一种观念性体系,覆盖人社会生活和生产的方方面面,既是劳动结晶,也是形成结晶的基础。文化可根据内涵大致划分为广义文化和狭义文化。广义文化是指人类所创造的物质财富和精神财富的总和。它着眼于人类与一般动物、人类社会与自然界的本质区别，着眼于人类卓立于自然的独特生存方式，其涵盖面非常广泛，故又被称作"大文化"。对其丰富的内容又可做不同的层次划分。有学者将文化分为物质文化与精神文化两类；也有将其分为物质文化、制度文化、思想文化三大类；又有将其分为生产性文化、生活性文化、交际性文化、制度性文化和观念性文化五大类。（陈炯，2001：16）狭义文化主要包括人类所创造的制度文化和思想文化，甚至专指思想文化。如上文中提及的泰勒的定义就是对狭义文化的早期经典界说。本研究采用"广义文化说"和目前学界普遍采用的文化三分法，认为文化包括物质文化、制度文化和精神文化3个层次。其中，物质文化是制度文化和精神文化的衍生基础，是人类改造自然的产物，是人化的自然，即庞朴所说的"文化的表层"；制度文化是人与人之间关系的表现，即庞朴所说的"文化的中层"；而精神文化则是人对自身、对自然、对他人的思考和结晶，是最高形式的文化，即庞朴所说的"文化的里（深）层"，体现为文化的心理状态，包括思维方式、价值观念等。由此可见，文化中最重要的因素是"人"，人是文化的主体。从更基本的观点来说，文化是由具体的人类行为构成的，但作为整体的社会文化和一种民族的传统，高于具体的个性行为，具有稳定性。

1.1.1.2 文化的民族性

认识文化的基本特征，对正确认识和分析文化现象具有重要意义。总体上说，文化具有以下几项基本特征：象征性、地域性、民族性、时代性、继承性等。(陈炯,2001:20)其中,象征性和继承性是文化的本质属性,象征性体现人对世界和自身的认知,继承性是人类社会得以延续的前提。地域性、民族性和时代性则是文化在各个层面的区别性特征,即文化因地域、民族、时代而异。文化的这些区别性特征承载于不同国家和民族的语言中,是语言文化研究的前提和基础。因此,民族性(包括地域性)和时代性等文化区别性特征历来是语言研究的切入点和关注点,也是本研究的理论前提。

民族性是文化的基本特征之一。每种民族文化的民族性都是相对于其他民族而言的,是该民族文化不同于其他民族文化的特征。谈到民族性,应当界定何谓"民族"。首先,民族和种族的范畴不同,民族是从人类的社会属性上来划分的,而种族则是依据生物学和体质人类学的标准来划分的。正如德国哲学家奥斯瓦尔德·斯宾格勒(Oswald Spengler)所说:种族只具有肉体的相同意义,而民族的特征则是精神的一致。中国社会科学院编撰的《现代汉语词典》给出的"民族"解释是:"①指历史上形成的、处于不同社会发展阶段的各种人的共同体。②特指具有共同语言、共同地域、共同经济生活以及表现于共同文化上的共同心理素质的人的共同体。"《中国大百科全书》上则说:民族是"人们在历史上形成的有共同语言、共同地域、共同经济生活以及表现于共同文化上的共同心理素质的稳定的共同体"。由此可见,民族的显著特征是共同语言、地域和文化;其核心则是共同心理素质,也就是扮演凝聚力角色的民族精神,表现为集体无意识(collective unconsciousness)。

民族最初形成的基础是共同地域,因此,地理环境和生活条件等物质基础对民族的形成和发展起着决定性的作用。正如孟德斯鸠所说:"根据人类生活的历史,地理等自然环境对人类文化影响很大,自然环境决定了文化的类型。"列宁也指出:"生产力发展的首要条件就是这种地理环境的特性。"不可否认,自然环境在人类文化形成过程的初期占据着决定性地位,直到形成社会后,社会因素才日渐重要起来。在不同的生活环境下,不同的民族在认识和改造自然的同时,逐渐形成各具特色的生产方式和生活方式。不同的生产和生活方式造成不同的风俗习惯,产生不同的物质文化,形成不同的心理状态和思维方式,从而在历史的发展过程中逐渐形成各具特色的民族文化。比如以农耕为主的民族选择了定居的生活方式,而从事畜牧业的民族就具有很强的流动性。定居就容易以家庭为本位,畜牧业则使人分散。希腊文化与其临海的地理环境、发达的航海业有关。不同的生活方式久而久之便形成民族文化心理积淀,由变异转化为遗传。这里的遗传当然不是指遗传某种行为本身,而是指遗传在某种条件下发展一定行为的能力。(庞朴,1986)比如生活在农业环境的中华民族就会有很多与农业有关的心理和习俗:我国的传统节日,包括最隆重的春节,均来源于农事,是由农业节气演化而成的;社会组织主要是在父子、君臣、夫妇之间的宗法原则指导下建立起来的,形成一种"家国一体"的格局。民族的文化特点通过文化赖以存在的各种条件的综合作用,长期积淀形成,文化的民族性深深沉淀在一个民族的意识之中。(陈炯,2001:19)需要指出的是,民族文化和国家文化的概念不同,国家文化是以行政区划为主的文化形态,一个国家之中可以有多种文化形态,而民族则是从人类的社会属性划分的,注重生活方式和精神的统一。

文化的时代性指同一民族因生活环境的变迁和文化自身的运动规律，在不同历史阶段其文化也呈现出各异的形态。文化的时代性与文化的民族性一样，是各民族在不断适应和改造所处的自然、社会环境的过程中逐渐形成和发展起来的。（陈炯，2001：19）时代性体现了人类寻求发展的本性和人类社会的发展历程。每个时代的文化都包含着所有时代永恒共同的成分，正如每个民族的文化都含有人类性的成分。人类性寓于民族性之中，永恒性寓于时代性之中，或者说普遍性寓于特殊性之中。

1.1.2 语言作为民族文化研究的中介

纵观语言学的发展历史，在对语言和文化的关系问题的研究中最为人知、影响最大的莫过于德国语言学家威廉·冯·洪堡特（Wilhelm von Humboldt）与美国人类语言学家萨丕尔（Edward Sapir）和沃尔夫（Benjamin Lee Whorf）。早在19世纪初，德国哲学家洪堡特就对语言和文化的关系进行了分析界定。他指出："每一个人，不管操什么语言，都可以被看作是一种世界观的承担者。"（洪堡特，2000：134）他认为世界观的形成要通过语言这一手段才能实现，每种语言都有各自的世界观；语言是民族精神之所在，是人存在本身。"人的研究"不仅是一切人文学科的归宿，而且也是人类社会实践的依据。（姚小平，1995：39）这种学说对之后的哲学和语言学研究都产生了较为深远的影响。

20世纪上半叶，美国人类语言学家萨丕尔和沃尔夫提出假说，认为不同语言的差异不仅是语音、语法、文字上的差异，而且是生活方式、思维方法、世界观的差异。真实世界在很大程度上是不知不觉地建立在该民族的语言习惯基础上的。没有任何两种语言能够完全一样地表达同一个社会现实。不同民族的人所生活的世界是多种多样的,而不是具有不同标志的一个同样的世界。这样的观点强调了语言对于文化的重要性,语言反映世界观。虽然他们的研究揭示了语言与文化的关系,但却过分夸大了语言对文化的影响。卡西尔(Ernst Cassirer)在《人论》中指出:"符号化的思维和符号化的行为是人类生活中最富于代表性的特征,并且人类文化的全部发展都依赖于这个条件。"(卡西尔,2004:39)他强调语言对文化的影响,认为人创造了文化,文化帮助人完成了自己的实现,语言体现相应文化领域的思想范畴、认识成果、意义体系和价值观念。但这一时期由于结构主义语言学和功能主义语言学的蓬勃兴起,学术界致力于语言本身及言语功能的描写。虽然普遍承认语言的文化功能,认为语言是人类最重要的交际工具,是人类思维的工具,也是社会上传递信息的工具(王德春,1997:7),但并未给予语言和文化的互动关系更多的关注。

20世纪中叶以来,受日益显著的全球化趋势,以及相关学科交叉渗透、蓬勃发展的影响,语言学研究得到了前所未有的进步和发展。我国学者王铭玉对其发展趋势做出了如下精辟论断:由微观转向宏观、由单一转向多元、由系统转向运用(功能)、由描写转向解释(阐释)、由结构转向认知、由静态转向动态、由分析转向综合、由模糊转向精确。(王铭玉,1995)这八大趋势也反映了语言学研究的人文倾向:语言学研究不再局限在语言本身,而转向注重创造和使用语言的主体——人。20世纪80—90年代以来,世界范围内人文科学兴起研究"人类中心论"。所谓"人类中心论"(антропоцентризм),起源于西方哲学研究中的"人本主义"(антропологизм)思潮,指以人为衡量事物的标准和尺度,颂扬人的价值、尊严和力量,强调人的地位和作用,重视人格和人性。在此推动和影响下,语言学科的研究范式发生了根本性变化,逐渐由20世纪中叶兴起的社会范式转向了以语言主体即"说话的人"或"交际的人"为主要研究对象的"人类中心范式"(антроцентрическая парадигма)。(赵爱国,2006:44)人类中心论的语言观将人与语言最大限度地融合在一起:一方面将人置于语言学研究的中心,另一方面又将语言作为人的本质规定性来看待。由于人的因素在认知和理解世界中是抽象的,研究它必须通过一定的中介单位。现代语言学普遍认为,该中介单位在语言学科中体现为文本,即按照一定句法规则组合而成的话语统一体。

随着人本主义的复兴,文化作为人类认知世界、认知自身的符号系统和人类社会实践的一切成果,得到越来越多语言学家的关注。20世纪60年代以来,随着语言学及相关学科的发展,关于语言和文化的探讨也日渐增多,美国在人类语言学的基础上形成跨文化交际学(Cross-cultural Communication),俄罗斯语言学界在语言国情学(лингвострановедение)的基础上形成语言和文化的交叉研究学科语言文化学(лингвокультурология),中国学者也建立了独具特色的文化语言学,这标志着语言-文化研究真正登上了现代语言学研究的舞台,并逐渐成为其研究的主流方向之一。各国学者都充分注意到了语言、人、文化、世界之间的复杂而又紧密的联系,试图从语言事实出发揭示一种语言中的文化事实甚至文化模式,语言成为文化研究的中介单位。应当说，这几门学科的产生和发展有着深刻的学术渊源。(彭文钊，2002：1) 语言文化学视角中的文化，其核心或本质可以概括为一个字——"人"，充分体现人类对自身的关注、认识和人本主义的研究思想；强调了人在认识世界活动中的中心地位，即人类中心论——人是阐释的焦点，万物的尺度。

语言文化学研究的繁荣景象一方面说明文化对话的必要性在加强，另一方面也反映了学者对民族文化的热爱和回归。(彭文钊，2006：38) 如果说语言文化学的研究模式是从人类中心论出发，从语言事实中挖掘民族物质文化和精神文化，那么修辞学关注的则是民族文化在整个修辞过程中的体现和作用。

1.1.3 修辞学对民族文化的相关研究

修辞学的研究经历了从零散到系统、从把修辞视作一种语言手段到把修辞视作思维方式的漫长过程。现代修辞学认为，修辞不仅仅是修饰篇章的华丽辞藻，而与思维形成形式和内容、本质和表象、表层和深层的关系。如果说语言是思维的直接现实，修辞就是把语言运作为言语的思维过程。任何语言手段都可以作为修辞手段，来实现作者的意图和目的，凡是合理的语言运作都属于修辞。

从修辞学的发展历程看，各国修辞学对民族文化都进行了相关研究。下文从历时角度对俄罗斯、西方以及我国修辞学对民族文化的关注和研究做出以下概述和分析：

1.1.3.1 俄罗斯修辞学对民族文化的相关研究

俄罗斯现代修辞学包括"功能修辞学（функциональная стилистика）、语言单位修辞学（стилистика языковых единиц)、篇章修辞学（стилистика текста）和文学修辞学（стилистика художественной речи）等分支"（Бельчиков, 1998: 539-540）。下文从现代修辞学的奠基人巴利（Charles Bally / Шарль Балли）的修辞观出发，按照产生的先后顺序简述俄罗斯现代修辞学各分支对民族文化因素的研究历程和现状。鉴于言语作品受制于一般的篇章建构规律，本研究将文学修辞学纳入篇章修辞学的范围，不再进行专门论述。

现代修辞学的鼻祖巴利认为，修辞学研究语言系统的表情事实（Балли, 1961: 19）。他关注修辞活动中的心理因素和社会因素，认为："语言研究不仅要考虑符号间的关系，同时也应考虑语言与思维的关系。在某种程度上修辞研究具有心理学性质，它（心理学）的任务是分析、观察人们在言语中反映的思想。"（Балли, 1961: 18）巴利认为，修辞学与心理学关系密切，因为修辞学研究的切入点是语言和思维的关系：修辞学研究反映思想的言语，而心理学研究言语所反映的思想。在此基础上，巴利提出了"共同心理基础"的概念，但并未详细论述其内涵。此外，巴利提出，言语手段的社会色彩指言语手段与一定的环境间的象征关系。"环境"指"某集团成员的典型状态，即不依个人意志为转移的生存条件，如社会阶层、宗教信仰、道德原则等；或该环境下（如某职业）活动及思维的一般形式"（Балли, 1961: 251）。言语事实引发人们对某种环境的联想应符合两个条件："说话者心中存在对某环境的典型、传统概念：言语事实与该环境存在关联"（Балли, 1961: 255）。由此可见，环境因素往往以认知框架存在于人的头脑中，在外界信息与认知框架所建立的关联中实现对环境的认知。虽然巴利并未对民族文化因素做出专门探讨，但他提出的"共同心理基础"和民族文化中的民族心理具有异曲同工之处。

语言单位修辞学是在巴利修辞思想和索绪尔（Ferdinand de Saussure）结构主义语言学的影响下确立的，又被称作资源修辞学（стилистика ресурсов），研究内容包括各种语言单位本身固有的修辞意义、修辞色彩，语言单位的情态特征和修辞格等。语言单位修辞学并未把语言外因素纳入研究范围，因此对语言单位的民族文化色彩并未进行专门论述。

功能修辞学兴起于 20 世纪 50 年代，最早的观点是维诺格拉多夫提出的"功能论"，之后得到谢尔巴（Л. В. Щерба）和科仁娜（М. Н. Кожина）的进一步发展。功能修辞学研究历史上形成了语言分化体系，即由于使用的范围及在不同的范围中行使的功能不同而形成的语言变体，研究和描写语体（стиль）体系，探索语体体系内部的组织规律，确定划分语体的原则。（孙汉军，1999：116）其主要观点体现在以下三个方面：（1）以社会意识活动领域为语体划分依据，采取自上而下式的研究方法，关注语言和人类社会活动领域的关系；（2）语言外因素对语言表达形式具有制约作用，这是功能修辞学相对于语言单位修辞学的一大进步；（3）加强了对所谓"中态"语言单位的研究，认为任何一种语言材料的选用都是与具体交际领域的交际任务相适应的，故在具体的言语环境中，所有的语言材料均带有特定的功能修辞色彩。功能修辞学强调语言顺应不同情境和题旨的合理运用，强调不同的社会活动领域中人的社会意识和思维方式具有不同的特点，因此，通过不同的言语表现手段来反映这个领域中的交际目的，也就形成了不同的功能变体。功能变体是在长期历史发展过程中语言群体约定俗成的结果，反映了特定的民族意识形态、心理和思维方式，表现为特殊的语言系统以及与之相关的表达方式方法。

20世纪后半叶，语言研究的重心由语言结构转向言语交际运用规律，篇章修辞学应运而生，代表学者有索尔加尼克（Г. Я. Солганик）和戈尔什科夫（А. И. Горшков）等。篇章修辞学是对功能修辞学的合乎逻辑的继续和发展。（张会森，1998）索尔加尼克使用语言学的研究方法关注语篇内部的衔接问题；戈尔什科夫则关注语言表达与篇章内容（事物－逻辑层面和情感－表现力层面）的匹配关系。由此，篇章修辞学的主旨在于分析篇章的结构、组织等如何围绕一定言语内容展开，如何统一于说话人的言语意图，即语言手段与所反映的现实材料和作者的主观态度的关系。（王文忠，2003：20）概括地说，是研究言语作品由语言单位组成的规律、篇章的类型及其语言特征。篇章修辞学虽然没有针对修辞中的民族文化因素进行专门论述，但其研究模式对说话人主观态度的关注给我们一定的启发：可以研究言语篇章中的民族文化因素，以及民族文化因素对篇章生成的制约。

综上所述，虽然受到同时代语言学研究整体取向的限制，俄罗斯现代修辞学各分支没有明确参与民族文化的研究，但它的主旨、任务、方法以及体现的结果都深刻地反映出俄罗斯文化的影响和传统。20世纪80年代以来，随着人类中心论范式的确立，文化作为人类适应自然环境并从中获得自我完善与发展的过程及结果，逐渐成为语言研究的主流方向之一。从文化角度看，修辞活动的每一个环节、修辞现象的每一要素都无不显露着文化的痕迹。研究修辞和文化的关系成为新的研究方向，俄罗斯现代修辞学各分支相辅相成，为研究修辞和文化提供了可参考的模式：对作为文化载体的语言系统进行修辞描写，对言语系统的功能描写，以及对修辞施动者和受动者双方的民族文化属性的考察等。涉足这一领域研究的主要有：丁昕教授在其专著《俄语成语研究》中对俄语成语的民族文化特征做出专门论述；王文忠博士在其博士论文《修辞活动的民族文化特点》中结合篇章修辞学和语言国情学的研究成果，把修辞过程视作一个统一的有机整体，并分别就修辞主体、篇章的生成和阐释过程，以及篇章自身的民族文化特色做出了富有新意的系统研究。王文忠得出结论，修辞活动的民族文化特点体现在修辞主体结合自身民族文化特点依据言语体裁、篇章连贯和言语手段选择规律积极生成、理解言语作品的过程中，也体现在篇章的民族文化色彩形成与转换中。（参见王文忠，2002：189—190）本研究认为，王文忠博士肯定了"人"是统摄篇章组织、篇章结构的灵魂；认为篇章的民族文化色彩是言语产品的修辞效果之一。它的形成与言语行为策略的选择、语言外民族文化因素与言语表述的匹配以及语言文化（信息）单位的使用等因素紧密相关，这些观点值得我们借鉴。

1.1.3.2 西方修辞学对民族文化的相关研究

西方修辞学的源头古希腊修辞学是一种特定的"文化发展"，其源头是古希腊的语言和社会文化实践。从古至今，西方修辞学研究的根本问题，似乎不外乎是亚里士多德（Aristotle）在古典时期规定的一些内容：修辞目的、听众、构思过程、论辩、布局谋篇和文体风格。（胡曙中，1999：4）那么，修辞学是如何界定文化的地位呢？首先，从古希腊时代说起，苏格拉底（Socrates）

曾说过:"我是个平常人,只会说老实话。"他主张修辞要服从真理,做老实人办老实事。这种修辞学思想和古代中国的修辞学原则"修辞立其诚"是不谋而合的。(从莱庭等,2007:19)亚里士多德将修辞定义为"在每一件事上发现可用的说服手段的能力"(亚里士多德,1991:7),并提出三种论据:理念(logos)、人品(ethos)和情感(pathos)。亚里士多德认为,修辞学就像伦理学和政治学一样,都属于人的本性。伊索克拉底(Isocrates)在其教学法体系中也为"话语艺术"规定了最高的文化功能,强调了价值论主题。之后的西塞罗(Marcus Tullius Cicero)、昆提利安(Marcus Fabius Quintilianus)等修辞学家继续发扬了这一传统,他们强调了对"美德"研究的重要性,认为修辞学是一种社会凝聚的力量,其最终目的是为了培养道德和政治价值观。(胡曙中,2001:169)

可见,西方修辞学的产生和发展始终闪耀着人本主义的光芒,其对文化的关注主要体现在将文化的深层即精神文化视作修辞的论据,认为修辞实践产生于深层的知识和道德习惯,即对于修辞性手段和目的的选择必定需要价值标准。到了20世纪下半叶,西方修辞学的理念得到全面振兴与发展:古典修辞学得以全面复兴,修辞学各个领域的研究空前深入,涌现了一系列新的修辞学理论,例如肯尼斯·博克(Kenneth Burke)的动机修辞学、理查德·韦弗(Richard M. Weaver)的价值修辞学、佩雷尔曼(Chaim Perelman)的论辩修辞学等。这些理论体系继承了古典修辞学的人本主义传统,并将修辞学和价值观更加有效地连接在一起。其中,价值修辞学是以价值观为中心研究内容的流派。理查德·韦弗参照肯尼斯·博克对修辞学的重新界定,即"修辞活动的本质和标志是认同"（常昌富，1998：17），将修辞看作是形成认同的过程，认为修辞将各种价值观揉入我们的生活之中，并且把人们凝聚成各种文化和社团。因此，从功能上看，修辞具有归纳和传播人类价值观和文化的目的。相比古典修辞学，20世纪的西方新修辞学将价值观的地位提高了一个层级，即从修辞的论据上升到修辞的功能和目的。不过，西方新修辞学的研究兴趣并不在语言学，而是主要集中在社会生活领域，即研究在现代社会中如何有效地使用话语凝聚社会文化群体，探讨话语如何在社会事务中发挥作用。

可以说，西方新修辞学虽然将文化放在重要的地位，但关注的是社会生活领域，对文化的民族属性却并不关注。不过，新修辞学的修辞理念却赋予修辞学较强的阐释性，这为我们研究修辞中的民族文化因素提供了理论的参考。这一点本研究将在本章1.3中进行详细分析和论述。

1.1.3.3　我国修辞学界对民族文化的相关研究

自从《周易》提出"修辞立其诚"，中国古代修辞学家在解释修辞时往往把它与道德礼仪联系在一起。中国现代修辞学注重修辞现象的描写和修辞规则的抽象，注重修辞学体系的科学性，但对修辞的民族性和人文性重视不够，凸显的是修辞主体个人的努力，而忽视接受和认同，这与汉民族文化传统是密切相关的。

近年来，在国内文化热和文化语言学的影响下，中国修辞学界也逐步开始重视汉语修辞和中国文化之间关系的研究。国内不少学者撰文从不同角度和侧面研究汉语修辞学、汉语修辞与汉文化的关系。例如，王希杰在其《修辞学新论》中研究了比喻的社会文化制约性和同义文化,并对"文化词语"进行了界定:"文化词语,指的是在特定的民族和地域,或阶层中所具有的或流行的同特殊文化现象相联系的,表现了特定的文化内容的词语。"(王希杰,1996:105)陈炯所著的《中国文化修辞学》倡导"一方面要研究汉语修辞在中国传统文化中的地位和作用,另一方面也要研究中国文化对汉语修辞的制约和影响"(陈炯,2001:3),并将文化修辞学归为文化语言学的一个分支学科等。此外,受西方修辞学的影响,中国修辞学界正在逐渐突破传统的研究框架,对修辞学进行了重新的审视,如宗守云的《修辞学的多视角研究》、吴礼权的《修辞心理学》、陈汝东的《认知修辞学》、谭学纯、朱玲的《广义修辞学》等。其中,《广义修辞学》将"审美化的集体无意识"视作修辞原型,并对"家"、"色"和数字等汉字进行了文化场的分析。(参见谭学纯等,2001:225)究其实质,对修辞原型的研究是对深层文化即世界观的研究。

总体来说,中国现代修辞学对民族文化给予的关注越来越多,研究范围在进一步扩大,研究内容也在进一步深化。不过,这种研究取向是在西方修辞哲学和人本主义思潮的影响下产生的,具有很强的综合性和引介性,同时也具有广阔的发展前景。

1.1.3.4 小结

纵观俄罗斯现代修辞学、西方修辞学和中国现代修辞学的研究历程,可以得出:在语言学人类中心论范式确立之前,修辞学受同时代哲学和语言学研究取向的影响,并没有明确将民族文化列入研究范畴,但却提供了可参考的研究模式,即进行语言层和言语层相结合的系统研究。20世纪后半叶,随着哲学向语言学转向和人类中心论范式的确立，揭示修辞和文化的关系，以促进修辞效应的成功实现成为修辞学的现实任务。修辞可从过程角度分为施动者、修辞资源、修辞话语和受动者等环节。其中，修辞资源和修辞话语都可作为出发点，指向修辞主体（施动者和受动者）所属的民族文化。例如，从修辞资源入手，可以从语言层研究有民族文化语义的语言单位从而指向民族文化实质，从言语层研究这些单位在使用时执行哪些功能；从修辞话语入手，则可以研究施动者在构建话语时的民族文化特点以及接受者在理解话语时的民族文化特点。因此，从修辞学研究民族文化在交际过程中的体现和作用具有广阔的研究前景，甚至可以建立修辞－文化的交叉研究学科。

1.2 语言文化单位——修辞－文化研究的中介单位

修辞学集语言研究和言语研究为一体。其中，语言即修辞资源的研究无疑是言语研究的基础。语言是文化的载体，具有民族文化语义的语言单位集中体现民族文化的实质。对具有民族文化语义的语言单位进行语言和言语层的修辞学系统研究，无疑是修辞－文化研究方向的一个具有基础性且现实性的课题。参照俄罗斯现代修辞学的理论体系，可对具有民族文化语义的语言单位进行语言层的描写和言语层的功能描写。

如果说语言文化学的研究模式是从人类中心论出发的，研究具有民族文化语义（национально-культурный компонент）的语言单位中潜隐的物质和精神文化，那么修辞学则是以语言文化学研究的成果为起点，对这些语言单位进行语言层和言语层的系统研究。鉴于修辞学的民族文化研究刚刚起步，并未对此类语言单位进行界定，本研究将从语言文化学中借鉴合适的术语作为研究对象。

1.2.1　语言文化单位及相关概念

随着语言文化学的蓬勃发展，基于语言与文化的互动关系，寻找一个恰当的意指单位对复杂的语言－文化现象进行描写与阐释成为许多学者共同的努力方向。毋庸置疑，语言文化学研究的对象物是体现在语言各个结构层级的语言单位。这些语言单位通常都有象征、评价和隐喻意义。它们是该民族文化中人的意识成果的结晶，它们凝结在神话、仪式、仪礼、传说、口头文学、宗教文本、文学文本、熟语、隐喻、象征、谚俗语中，在文化传承上有其原始观念、原型的渊源。（彭文钊等，2006：25）近年来，俄罗斯学者基于不同的学术兴趣和研究方向，提出了大量的概念和术语。例如，在确定了语言文化学的研究领域之后，学者们提出了若干语言与文化研究的中介单位，其中具有代表性的主要有以下几个：

文化关键词（ключевые слова культуры，А. Д. Шмелев，Анна Вежбицкая）——体现为抽象名词的关键概念，如 судьба（命运）、счастье（幸福）、свобода（自由）等。这些名词为同一民族文化共同体成员所共同理解，集中体现文化对世界图景的制约。关键词在任何语言中都没有封闭集合，也不存在发现它们的客观程序。要揭示不同词对于某一特定文化的特殊含义，必须探究其在现实话语世界中的实际功能，由此获得有利证据。也就是说，认定关键词，需要话语材料做支撑。因此，关键词不仅是概念，还是一种研究方法。确定关键词后，需要对由它建构的话语材料进行分析，方能得出其概念内涵。

观念（концепт, Д. С. Лихачёв, Ю. С. Степанов）——是人意识世界中文化的基础内核，是该民族文化的基础要素。阿鲁久诺娃（Н. Д. Арутюнова）认为，концепт 是世界观概念，是构成文化的重要基础，是文化的元语言，具有个性化、社会化、民族化和全人类化等特征。它是民族传统、宗教、意识形态、生活经验、艺术形象、价值体系等系列因素相互作用的结果，在人与世界之间形成独特的文化层。（Арутюнова, 1998）

斯捷潘诺夫（Ю. С. Степанов）认为，концепт 不仅是思维单位，而且是具有情感的，是伴随单词的所有表征、理解、联想、感受的集合体，是情感和憎恶，甚至是发生冲突的对象。他认为，концепт 是开启文化的方式，是人精神世界的文化基核。文化观念没有形式，借助词实现言语化，在语言中体现为观念词（слово-концепт）。（Степанов, 1996）斯捷潘诺夫编撰了《俄语文化常量词典》，并对其中的关键观念如 истина（真理）、мир（和平）、душа（心灵）、личность（个性）等进行了研究。

民族社会文化定型（национально-социокультурный стереотип, Ю. Е. Прохоров）——是社会文化标记单位，蕴含着特定民族文化成员对言语交际中特定文化情境固定的、标准化的心理联想。语言定型则是一种具有固定指涉意义的语言文化单位，它所表征的事物或现象或者为特定民族所特有，或者能引发该民族语言个性所固有的文化联想，具有特定文化标记。（宋洪英，2008: 39）

先例（предецент, В. В. Красных, Ю. Н. Караулов）——所谓先例文本是这样一种文本，它对某一语言个性的认知与情感具有特定意义，并为该语言个性所处群体（前人和同时代人）所共知，并在话语中可被多次复现。（Караулов，1987：216）克拉斯内赫（В. В. Красных）等学者则认为，先例现象是一种具有统一的、独一无二的原型形象。将符合以下三条标准或特征的现象界定为先例现象（Красных, Гудков, Захаренко, 2004: 16）：

（1）为本民族 - 语言 - 文化共同体所有成员熟知（具有超个性特征）；

（2）在认知层（认知和情感层）实现；

（3）在某民族 - 语言 - 文化共同体成员的言语中反复出现。

这两种界定是基本一致的，都强调了先例文本的超个性和复现性特征。其中，先例文本之所以具有超个性的原因在于：该语言文化共同体成员都对该现象有共同的，至少是最小化的知识储备，在接受和理解过程中，就会激活与之相适应的接受常量（инвариант восприятия）。先例现象在言语中的复现可能是潜在的，但一旦出现，就不需要特别的解释和注释就能在交际双方建立共知基础。先例现象以认知结构形式存储于认知基础之中，其潜在的意义要通过交际过程在说话人和受话人之间建立对话关系基础上才能显现。第一，要能辨认或识别先例话语（包括语音、词汇、形态、句法、语义、修辞等变体手段）；第二，要能理解表层意义，即字面意义；第三，要辨认是否存在先例情景并与当下语境建立关联；第四，要调动认知结构中存储的该语言文化共同体所共享的知识或预设与文本相联系达成相互理解；第五，判断文本所要表达的情感评价意义。（彭文钊等，2006：244）目前，学界通常将言语化的先例现象分为以下 4 种：先例情景、先例文本、先例名和先例话语。其中，先例话语在言语中的复现具有潜隐性，既可以是源文本的完全重复，又可以是将已经具有先例性的词语或句子等根据规则重新组合，形成个人话语。在交际中通过某些细节、标识或先例现象的象征的激活方式实现。

语言信息单位（логоэпистема, Е. М. Верещагин, В. Г. Костомаров）——从词源上看，логоэпистема 中的"лого"源自希腊语中的 logos（逻各斯），意为"言说，所说的，言中之物，言中之理"；"эпистема"在希腊语中意为"认识"或"知识"，是人脑对客观世界的反映，即信息或知识。（吴国华，2000：15）科斯托马洛夫（В. Г. Костомаров）和布尔维科娃（Н. Д. Бурвикова）两位学者将语言信息单位定义为"社会记忆将表现现实世界的痕迹凝结在语言使用者意识中的语言表达，它是人们获取（或塑造）本国及世界文化精神价值的结果。"（Костомаров, Бурвикова, 2000: 39）作为语言与文化研究的中介单位，语言信息单位一方面是语言单位，因为它属于某种具体语言，涵盖了从词汇到文本的整个语言单位链条，对生成它的文本和情景具有指示功能。它在交际过程中在可辨认的范围内可能出现变体，不能被重新创造，但也可以被复原。同时，它又是文化单位，是一定文化知识的积累，属于社会运用的符号或象征体系，具有符号性和象征性，具有阐释性，对它的理解需要和其他文本建立关联，具有可传授性，因为它可以在受教育的过程中得以掌握。需要指出的是，各层级的语言单位构成了语言信息单位的外延，但语言信息单位不是词、词组、句子或文本，也不是隐喻、象征和寓言，它是知识，是知识本身，是由语言单位这一形式和文化发生联系而产生的知识本身。（彭文钊等，2006：

171—172)

语言文化单位（лингвокультурема, В. В. Воробьев）——俄罗斯学者沃罗比约夫（В. В. Воробьев）在西方学者提出研究"文化关键词"的基础上，提出了以语言文化场（лингвокультурологическое поле）和语言文化单位（лингвокультурема）（即语言文化场的基本构建单位）为主要研究对象，探究俄罗斯民族个性文化价值系统的研究思路。

沃罗比约夫提出构建"俄罗斯民族个性"（русская национальная личность）的语言文化场，并将该场内的基本组成元素称为语言文化单位。他认为，语言文化单位的定义为"符号、意义及其所指文化客体物的类别概念的统一体"，将语言内意义和语言外知识整合在一起。应该承认，每个人心目中的世界都是彼此不同的，但每个民族都具有能够彼此沟通而广泛共享的知识。每个人又都是民族文化的塑造物，能反映该语言共同体的共性特征。据此，可将民族视作一个具有复杂个性特征的精神整体，即在一个民族-社会共同体内部，民族个性实为精神共性。它是一种身份、角色、归属的认同（идентичность）标记，是整合社会生活、维系社会稳定、保持民族统一和人民团结的精神纽带，具有普适性（универсальность）、固定性（устойчивость）、稳定性（стабильность）特征。（彭文钊等，2006：75）

从外延上看，语言文化单位的结构类型不是某种单一结构类型的语言符号，而是一个从词到整个文本的链条。但无论以何种面貌出现，它始终都是语言文化场的一个结构成分，指向一定的语义内涵。

从方法论上看，沃罗比约夫发展了语义场理论，提出"语言文化场"的概念，为语言文化单位的研究创造了可操作性。首先，语言文化场各层级及其构成单位之间构成一个有机的系统，符合科学研究的需要；其次，语言文化场在构建时有着较为成熟和完善的原则和方法，增强了研究的可操作性；最后，沃罗比约夫为保证分析的有效性，特别选取了俄罗斯思想科学-文化与宗教哲学流派创始人，诸如索洛维约夫（В. С. Соловьев）、别尔嘉耶夫（Н. А. Бердяев）、布尔加科夫（М. А. Булгаков）、弗洛连斯基（П. А. Флоленский）等学者有关俄罗斯性与民族典范的具有代表性的观点和结论，作为俄罗斯民族个性系统的主导概念。这些主导概念都是语言文化单位类的集合（可下辖子场），共同构成俄罗斯民族个性语言文化场价值层级系统的中心结构。（彭文钊等，2006：77）这不仅提供了主题研究的方法，还提供了可供研究者自由选择的主题系统，如此为非俄语共同体研究者的研究增强了可行性和可信度。

  对以上概念经过对比分析，可以得出：这些单位名称虽然表述不同，内涵与外延也不尽相同，但却存在内在的逻辑一致性。从内涵上讲，它们都可以被视作一种语言文化学表意单位（ЛЗЕ——лингвокультурологически значимая единица），都具有双重性，都充当语言事实和文化现实之间的认识中介，都具有符号层级性，都是在语言文化学范畴内提出和研究的。（彭文钊等，2006：38）

  这些概念的不同点在于：首先，这些概念的出发点和研究角度不同，从而导致研究的侧重点不同。其中，文化关键词是从民族文化的基础要素中提取的、关键的、典型的要素；观念则是从人类意识出发，将民族文化的所有基础要素都纳入研究范围，且带有较浓的结构主义色彩；民族社会文化定型则侧重于语言文化单位语义联想矢量的固定性；先例现象侧重语言单位的来源，及其与源文本之间的对话性所衍生的超个性；语言信息单位侧重于从历时角度追溯语言单位中的知识信息；而语言文化单位则是"民族个性"语言文化场的组成部分。此外，观念和先例现象具有个性化、社会化、民族化和全人类化等特征，并不囿于民族文化的范围。

其次，从形态（外延）上看，文化关键词、观念等概念通过词言语化；民族社会文化定型的研究则超出了语言范围，将个性行为方面也纳入研究内容；先例现象的研究包括先例名、先例文本、先例情境等，也超出了语言范围；而语言文化单位和语言信息单位则体现为从词到整个文本的链条，在外延上呈现系统性，在形式上囊括了文化关键词、观念等文化表意单位，且和民族社会文化定型、先例现象的语言单位部分形成重合，为从语言结构上系统研究民族文化提供可能性。因此，其研究成果同样可以用于对其他文化表意单位的研究。这些概念之间也存在某种联系。例如，如果语言信息单位和先例文本被纳入语言文化场，就成为语言文化单位的代表；如果语言文化单位在言语文化层面上进行研究，它就和部分民族文化定型（национально-социокультурный стереотип）相重合。也就是说，这些概念的所指是语言文化学的研究对象，同时也体现为语言文化学不同分支流派的研究对象物。

我们知道，具有民族文化语义的语言单位体现在语言的各个结构层级。由此，语言文化单位和语言信息单位这两个在外延上都具有系统性的概念，对本研究来说无疑是比较合适的选择。由于研究取向的差异，语言文化单位指向概念领域、涉及物质与精神文化知识，而语言信息单位指向历史、从历史发展的角度看语言在当代的运用。前者旨在构拟俄罗斯民族个性系统，而后者旨在还原社会历史文化现实，并讨论它在现代社会的变异、转用和仿造。（彭文钊等，2006：176—177）从单位提取的源头看，两者也大致相同，都具有先例性。在研究取向上，语言信息单位更看重其中蕴含的知识本身，而语言文化单位更在意文本之后的观念。可见，语言信息单位和语言文化单位作为研究的对象物是基本一致的，只是被不同的研究方向视作不同的对象进行研究。在一定层面上，语言信息单位和语言文化单位的研究方法在具体研究过程中是可以互为借鉴的。

需要指出的是，概念、术语体现的是学者的学术出发点和研究方法，研究者只有结合自己的研究实际，确立具有可操作性的研究程序，才能够进行有新意的研究并获得有价值的成果。本研究的宗旨在于找到合适的修辞－文化研究中介单位，并对其进行语言层和言语层的系统研究。以民族个性为出发点，外延具有系统性且方法具有可操作性的语言文化单位无疑是个较好的选择。本研究在研究过程中，亦借鉴了文化关键词和语言信息单位的研究方法。

1.2.2 语言文化单位的研究现状

目前，沃罗比约夫的理论研究已经形成体系，且在进一步的完善中。总的来说，俄罗斯学术界对语言文化单位的研究是理论和实践并重并行，而且取得了较为丰硕的成果。现简述如下：俄罗斯学者谢尔盖耶娃（Т. Г. Сергеева）、贝科娃（О. И.

Быкова)、波波娃（З. Д. Попова）和斯捷尔宁（И. А. Стернин）等肯定了语言文化单位是语言文化学研究的核心单位，德米特里耶娃（П. А. Дмитриева）和科济列娃（О. А. Козырева）等学者就相应语言文化场（如 дом 等）做出了实践研究。

我国国内俄语学界对语言文化单位的研究成果也是毋庸置疑的，但严格来说还没有形成一定的规模，仍处于引介性解读的阶段。研究成果大部分是以论文的形式出现，个别的专著也只是把语言文化单位作为其内容的一部分来描述（如彭文钊的《语言文化学》、赵爱国的《语言文化学论纲》等）。彭文钊对语言文化单位从文化阐释学角度做出了系统的描写和阐释（《俄语语言世界图景的文化释义性研究：理论与方法》，黑龙江大学博士论文，2002），并建立了语言文化单位的语义结构完形（《试论语言文化信息单位及其语义结构完形》，载《解放军外国语学院学报》，2004 年第 3 期）；赵国栋的《论"语言信息单位"》（载《河南科技大学学报》，2006 年第 4 期），韩红的《关于文化深蕴辞（логоэпистема）与文化浅蕴辞（экфорема）》（载《中国俄语教学》，1999 年第 4 期），王英佳的《语言与文化关系研究的力作——В. В. 沃罗比约夫的〈语言文化学：理论与方法〉》（载《外语与外语教学》，2002 年第 3 期）等一系列研究成果对语言文化单位理论进行了引进性的介绍，并对其研究前景做出了充分的肯定。

综上所述，语言文化学从人类中心论出发，通过语言文化单位等表意单位揭示民族文化知识系统和开放的意义系统。然而，语言文化单位在交际过程中如何运用，在运用中执行哪些功能，如何为听话者所接受并达到交际实效，语言文化学囿于学科研究的出发点和任务旨归并未进行深入探讨。不过，语言文化学对语言文化单位的研究成果将为本研究的修辞学研究提供参考。语言文化单位在言语活动中的运用十分活跃，鲜明地表现出跨文化、跨文本和跨语言的特征。因此，对语言文化单位的使用进行系统研究具有重要的理论和现实意义。

1.3 新修辞观对语言文化单位修辞学研究模式的建构

随着人类中心论范式在语言学研究中的确立，修辞学得到全面的振兴与发展，新的理论不断涌现，各个领域的研究空前深入，散发着古老而清新的魅力。巴赫金对话性理论研究的不断深入，更是将修辞学研究推向崭新的哲学高度。下文首先对修辞哲学（以肯尼斯·博克的"认同"观为代表）和巴赫金对话性理论的研究现状进行论述；归纳出新修辞学对修辞活动的崭新认识和研究取向，以及其对修辞资源研究模式建构的启发意义，从而完善语言文化单位的修辞学研究模式；并从产生背景和哲学基础角度论证新修辞学研究语言文化单位的可行性。

1.3.1 新修辞观

从古至今，修辞学家们出于不同的学术兴趣和研究角度对修辞做出过各种界定，其中最为我们熟悉的概念有：亚里士多德的"在每一件事上发现可用的说服的手段的能力"（亚里士多德，1991：24）；科仁娜的"研究语言在言语（或话语）中运用的规律及语言外部因素的制约性，也即从动态角度研究语言"（Кожина，1993）；巴赫金的"选择就是修辞"等。随着全球化趋势的日益加强，各民族、各文化之间的交流对话日益增多，社会民主政治的逐渐进步，修辞学也因其特殊的功能而日益受到学者们的重视。社会实践及相关人文学科（文化学、认知科学等）的蓬勃发展，为修辞学带来了新的发展契机。

1.3.1.1 博克的"认同"观

自 20 世纪 60 年代起，西方修辞学领域出现了一场革命性的改变：出于不同的学术兴趣、理论基础和研究方法，形成了各具学科分支倾向的研究流派，例如肯尼斯·博克（Kenneth Burke）的动机修辞学、理查德·韦弗（Richard M. Weaver）的价值修辞学、佩雷尔曼（Chaim Perelman）的论辩修辞学等。虽然各种流派之间没有清楚的界限，特别是在进入了后现代主义学术环境的条件下，很难对其进行分类描述。但这些流派之间存在共通之处，即在理论上一致强调修辞的认知性，并通过对认知性的确认，使它彻底地完成了从狭义的对演讲的研究向广义的对话语的研究的转向，从而很自然地与后现代主义的某些思潮合流。（常昌富，1998：21）新修辞学认为，修辞在本质上具有认知性，是一种了解事物的方式。

新修辞学领袖博克将修辞定义为"一些人对另一些人运用语言来形成某种态度或引起某种行动"，并认为"修辞活动的本质和标志是认同（identification）"（转引自常昌富，1998：17），这一定义得到学界的广泛认同。博克认为："旧修辞学的关键词是劝说，强调有意的设计；而新修辞学的关键词是认同，其中包括部分无意识的因素。"（Burke，1967：177）劝说总是为达到某种直接的效果，其目的是明确的；而"认同"则具有更普遍、更深层次的意义，人们在言语活动中自觉或不自觉地寻求达到认同。修辞施动者的话语折射出他对某一事物的赞成还是反对的态度，如果倾听者也随之赞成或反对，"认同"便出现了。这一过程可以是有意识的，也可以是无意识的，而无意识的认同则是修辞环境最深层的部分。

在现实生活中，人总是不断地对其周围的环境进行观察和判断，权衡各种有利及不利的因素，选择适当的策略，采取必要的行动。语言不仅导致行动，而且构建我们的现实。（常昌富，1998：15）如果说最初人们用语言来指称事物，语言和事物之间便产生直接的关系，那么后来人们主要是生活在语言之中，用语言来谈论语言，用语言来解释语言。人主要是通过语言来改变态度并诱发行动，一旦运用语言就不可避免地进入修辞环境，因此，修辞环境是永远存在的。言语活动是人类行为的组成部分，因而修辞活动本质上是人类的一种基本活动。新修辞学在理论上证明了人类本质上是修辞动物，修辞是沟通人类隔离状态的桥梁，改变了"自古以来西方修辞学就被认为是一种劝说手段，或多或少是一种控制他人的言语技巧，带有一种诡辩论的色彩"的传统观点，使修辞学得以冲出狭窄的范围，成为一个广阔的学术领域。继确定了修辞活动的认同机制之后，博克又对修辞的性质做出论断："真正的修辞是平等的对话，像在戏剧中那样，多种声音并存，各种观念受到尊重。"（转引自常昌富，1998：27）

综上所述，博克的修辞观体现了修辞的认知属性，突出了修辞的目的性——认同，确定了修辞的基本原则——对话性，强调了主体的个性化和表达的多元化。

需要指出的是，新修辞学甚至将研究范围扩大到人类的所有言语和其他非言语的象征行为。对象征意义进行多重阐释使我们有可能透过它纷繁芜杂的表面现象把握人类精神活动的某些实质，表现出鲜明的民族个性和文化表征。（彭文钊，1999）本研究本着从语言学层面研究民族文化的目的，将修辞学的研究严格限定在语言范围内。

1.3.1.2 对话性理论

20世纪上半叶，在结构主义鼎盛的整个时期，巴赫金为揭示陀思妥耶夫斯基复调艺术的手段，对语言本质进行了长期的思索，他的目的并不在于重建语言学理论，而是以语言为对象来阐述他最核心的"对话主义"哲学思想。巴赫金把对话性视为一切话语或篇章的基本特征。他指出，对话性既是人类生活的本质，也是人类语言的本质："语言只能存在于使用者的对话交际之中。对话交际才是语言的生命真正所在之处。语言的整个生命，不论是在哪一个运用领域里（日常生活、公事交往、科学、文艺等等），无不渗透着对话关系。"（巴赫金，1987：252）因此，对话性理论本质上也是一种语言学理论，与索绪尔结构主义的纯语言学理论相比，对话性理论使话语由约定俗成的符号成为"我的自我和他人之间的桥梁"，它的意义生成取决于它本身和人的对话性语境的双重作用。因此，对话性理论首先是而且始终是一种哲学理论，是关于人的主体建构的哲学理论。巴赫金关注的是人如何在认识自我和他人的过程中建构自己的主体，他认为主体建构只能在自我和他人的对话交际中实现："每一个人都是独一无二的主体；他人是自我存在的前提。"（转引自陈太胜，2000）这和现代人文学科的"人类中心论"研究范式是一致的。对话性的实质是关于人的理论，其核心精神是人本主义。

第一章　文献回顾和理论基础

目前，巴赫金的"对话性理论"已成为修辞学研究的核心内容之一。现代修辞学重视对修辞受动者的研究，甚至出现接受修辞学的学科分支，认为受动者也是修辞活动的主体，即"交际活动的双主体化"。修辞施动者在进行修辞活动时，不仅受限于自身的统觉背景，更要重视受动者的统觉背景，才能实现交际各信道的最优化对接。

受巴赫金对话性理论的影响和启发，法国学者朱丽娅·克里斯蒂娃（Julia Kristeva）于 1969 年在其《符号学：符义解析研究》中首次提出"互文性"（Intertexuality）概念："任何文本都是引语的镶嵌品构成的，都是对另一个文本的吸收与改造。"其中，"另一个文本"即"互文本"，可用来指涉历时层面上的前人或后人的历史文本，也可指共时层面上的社会文本，而"吸收和改造"则可以在文本中通过引用、仿拟、拼贴等互文手法来加以确立，也可以在文本阅读过程中通过发挥读者的主观能动性或通过研究者的实证分析、互文阅读等得以实现（冯寿农，2001）。可以说，文本中的每一种表达，都可以看作是众多声音的交叉、渗透和对话的结果。互文性理论的提出打破了传统意义上篇章的封闭性、确定性和孤立性，无论在时间还是空间上都赋予文本开放性、创造性和关联性。从互文性理论出发，语言单位和其在具体言语中体现的文本之间是具有对话性的，后者是对语言单位之间的个人化改造，意在实现修辞目的，达到修辞效果。可以得出这样的结论：文本的对话性不仅体现在施动者和受动者之间、文本和文本之间，还统一在文本的存在与理解之中。互文性说明文本具有时间和空间上的无限开放性，使传统的作品概念所包含的实体性、封闭性等特征失去了合法地位。文本不再是一种空间存在的"物",而成为一个过程,一种创造,甚至可以说文本的这一概念只有在动词的意义上才能得到更好的理解。(彭文钊等,2006:51)

本研究认为:在修辞过程中,对话性不仅体现在施动者以受动者的心理及接受为本上,还体现在施动者对修辞资源的选择中,即客体的多元性是践行对话性理论的基础。互文理论同样为修辞话语的阐释性研究提供理论支撑。

1.3.1.3 新修辞观综述

综上所述,可以得出:时下方兴未艾的西方新修辞学和俄罗斯修辞学家巴赫金的对话性理论之间存在共同的哲学基础和研究理念,即修辞学是关于"人"的学科,坚持人本主义的修辞理念。孙汉军教授认为,修辞和思维之间构成形式和内容、外显和内化的关系,即修辞是思维的外显形式,它使得思维能被感知,形成与外界的对话,思维是修辞的内在运作机制。基于此,他将修辞界定为"有意识、有目的、有针对性的语言运作"(孙汉军,2005)。其中,"有意识"是修辞的前提,指人在意识清醒、智力正常的情况下,同时也体现修辞的认知性;"有目的"是修辞的根本属性,修辞学认为一切"有意识的"语言运作都是具有其目的性的;"有针对性"则体现出修辞学的哲学基础和人文关怀,它关注修辞过程中的隐性主体,即接受者因素及理解过程,体现了"对话性"的本质属性。由此,可从以下5个方面对修辞进行界定:

(1)以"认同"为目的:目的论是修辞高举的一面旗帜。人在有意识状态下的任何言语行为都是有目的的,没有目的的交际是不存在的。新修辞学认为，修辞的目的是"认同"，即博克所说的"运用语言来形成某种态度或引起某种行动"。换句话说，修辞的目的是或传情，或达意，或既传情又达意。

（2）以"选择性"为认知机制：从亚里士多德的"修辞是一种在任何一个问题上找出可能的说服方式的能力"，到巴赫金的"选择就是修辞"，再到博克的"一些人对另一些人运用语言来形成某种态度或引起某种行动"，由始至终都体现了修辞的选择机制。修辞体现了施动者对修辞资源的选择和组合方式的选择，这种选择与目的性紧密关联，以达到认知世界的效果。具体来说，选择是通过对比，在多种资源和组合方式并存的条件下找到最有效的一种。因此，选择具有3个前提条件：客体的多元化，因为单一的客体是无法选择的；客体的差异化，从完全相同的客体中进行选择是毫无意义的；施受双方的主观能动性，体现的是现代修辞运作的人文关怀。

（3）以"多元化"为前提：从修辞的过程上看，选择的前提是同义手段的存在。这些同义手段具有不同的表达效果，切合于不同的语言环境，适宜于不同的交际需要。基于此，语言文化学对语言文化单位进行主题式研究，不仅可以研究其中蕴含的民族精神文化，还可以从中提取充当民族文化同义手段的语料。

（4）以"对话性"为原则：对话性的深层机制是客体的多元性，交际双方的平等性，对不同意识形态的平等对待和包容。从修辞过程看，对话性贯穿修辞的整个过程：不仅体现在修辞资源的多样性上，即较强的可选择性；还表现在修辞主体在对已有的修辞手段进行选择和组合的过程中，实际上是在与前人创造的这些修辞手段的对话，与使用它们的原始语境的对话，与话语修辞的建构环境,即与言语行为实施环境的对话,也是与受动方的接受心理和统觉系统的对话,其表现形式就是修辞手段选择的针对性,话题选择的适宜性,对交际对方的社会角色及其关系预测的准确性、把握的正确性和思想上的接触性。(孙汉军,2005)对话性表明人自我意识的确立,以及修辞过程中受动方作为接受者在认同层面的重要性。

(5)以"个性化"为运作机制:修辞本质上具有认知属性,是人类认知世界的一种方式。人具有创新求异的本性,因而修辞作为人认知世界的方式"本质上是在明确关注并努力追求效果的意图的统摄下,综合把握环境对象,积极调用各种修辞资源,具有机敏、灵活、跳跃、变异、创新等品质的积极主动的、个性化的思维方式"。(张宗正,2004:50)体现在语言层面,修辞成为"带动语言前进的火车头,是民族文化的投影仪,是社会文明的显示器,是社会进步的推进器和加速器"(孙汉军,2006)。此外,从修辞话语角度,还可以考察民族价值观的变化或重构。文化是人类的生存方式,因此修辞不仅是言语的创新优化,也是生存方式的创新优化。

综上所述,可对修辞建构进行如下详细界定:"以认同(形成态度或导致行为)为目的,以'选择性'为认知基础,以多元化(客体的可选性)为前提,以对话性(接受心理)为原则,以个性化为机制,追求最佳交际实效(审美)的语言运作。"成功的修辞活动涉及两个可逆的过程:修辞施动者对话语的建构和受动者对话语的解构,即修辞话语的生成和理解。

新修辞学具有较强的阐释力,对建构语言文化单位的修辞学研究模式产生以下启示:从言语层研究语言文化单位时,不仅可以借鉴功能修辞学和篇章修辞学的研究模式，对其使用情况和执行的功能进行描写；还可以借鉴新修辞学理论，重新审视语言文化单位在使用时所执行的功能，并对其如何执行功能，达到交际实效进行阐释。

1.3.2 新修辞学阐释语言文化单位使用的可行性

本研究认为，但凡有目的、有意识、有针对性的语言运作都属于修辞学的研究范畴。语言文化单位是语言文化学提出的概念。使用新修辞学的理论阐释语言文化单位的使用，实际上构成修辞学和语言文化学的交叉研究。本研究认为，新修辞学和语言文化学不仅是在同样的社会背景和学术背景下诞生的，并且具有交叉研究的哲学基础。

1.3.2.1 社会背景

（1）全球化背景

全球化进程使得人类文化的多样性面临被消除的考验，同时也是民族文化在新的经济与文化层次中同一性与差异性的辩证性发展。各民族、各文化之间的对话日益加强，交流与合作日益广泛而深入。由此，保障各民族文化之间的对话与交流的顺利进行，促进合作，减少误解，解决分歧，尊重彼此的文化价值观，是语言文化学和新修辞学所致力的共同目的。

（2）科技和文明的高度发展

科学技术的迅猛发展已然成为社会文明进步的主要推动力，尤其是进入到信息化时代，社会文化与人们的生活都处在激烈的变革当中。互联网的诞生为人类开辟了虚拟的生活空间，移动通信的普及带来了独特的手机文化。迅速走红的网络词汇、新闻用语、经典短信成为文化变革的最直接体现,也成为备受关注的语言现象。

(3)后现代主义的兴起

20世纪的最后十几年,俄罗斯经历了社会生活的大变革,各个领域都发生了翻天覆地的变化。在社会急剧变化的过程中,俄语赖以存在和运作的社会空间、社会政治制度、经济体系、人们的思想意识和价值取向都发生了巨大的变革,并相应地引起了俄语的重大变化。社会的狂欢化导致语言的自由化,充分体现了张扬个性和释放情感的趋向。例如俄语中语言自由化导致词汇层涌现大量新词新义、外来词、随机词等。应当说,语言自由化指的是语言变化中的一种客观现象,本身并无贬义或褒义。(程家钧,1999:16)

1.3.2.2 学术背景

(1)哲学的语言学转向

19世纪末,随着西方哲学的发展,语言被置于哲学研究的中心位置,赋予其本体论的地位。普遍认为,现代西方哲学就是认识论向语言学的转向。认识论关注人们认识能力的问题,而一切认识或"思"均是在我们的语言结构里发生。人在多数情况下都不会与世界直接打交道,人们认识世界往往要通过它的表现物,即知识系统来进行,由此可以了解世界图景或模式的一部分。因此,语言不仅仅是交流的工具,更是我们乃至整个历史存在的载体。我们的所思、所说、所言,其实就是整个历史存在的所思、所说、所言，语言中透视出自我的存在显现。因此，在讨论一切哲学问题之前，我们首先要对语言本身进行思考，因为语言总是我们有限生存状态的反映。正如当代德国哲学家阿佩尔（Karl-Otto Apel）所说："语言分析乃是现代的第一哲学范式。"由于哲学研究与语言学之间存在着密切关系，西方哲学史上的两个主要思潮——科学主义和人本主义思潮也使得语言学向两个不同的方向发展。第一个方向：语言学研究朝着科学哲学方向发展，使语言精确化、符号化、数学化；第二个方向：语言学研究朝着人文科学方面发展，以语言说明社会和人的世界。显然，新修辞学和语言文化研究的主流学科——语言文化学都属于第二个方向。

（2）语言学研究"人类中心论范式"的确立

哲学上的人本主义，指的是"以人为尺度衡量万物"的哲学观念。它有着深厚的中西方哲学渊源。早在公元前4世纪，古希腊哲学家苏格拉底就提出一个著名的命题"认识你自己"，这标志着哲学研究的主题由宇宙本原转向人自身。他认为，人之所以能够认识自己，在于其理性；认识自己的目的在于认识最高真理，达到灵魂上的至善。在古希腊，"认识你自己"被刻在阿波罗神殿的石柱上。在我国，老子说过"知人者智，自知者明"，作为大军事家的孙子则有"知己知彼，百战不殆"的名言传世。可以说，从古到今，人们对于自我的认识始终处于无尽的探索之中，关于人的理论也是哲学研究的一个永恒课题。

在西方哲学的语言学转向中，一些人本主义或倾向于人本主义哲学立场的哲学家从各自的角度出发，对语言与人的世界的关系进行了深入探讨,并取得了突出的研究成果。如今,人本主义哲学家把语言视作客观反映人类思维和外在世界的一面镜子,视作人与人之间的交际工具。正如卡西尔所言:"在语言理论中,不是形而上学,而是人类学起了主要作用,人成了宇宙的中心。"(卡西尔,1997:146)语言学家对汉字"语"字的解释从"吾言"到"言吾"的转变,也反映了语言学由客观反映论到语言主体论的转变。(王寅,2001:216)

  正是受到西方哲学研究中的"人本主义"思潮的影响,语言学研究范式从社会范式(социальная парадигма)(20世纪中叶起)转向了人类中心范式(антропоцентрическая парадигма)(20世纪80年代起)。(赵爱国,2006:43)认知学科的发展使人类对自我的认识越来越深刻,当代语言学研究越来越呈现出人本主义的倾向。认知语言学发现,人们认识事物总是从自身的行为出发,然后引申到外界事物,再引申到空间、时间、性质等,由简单到复杂,于是形成了认知语言学的"人本原则"。(赵艳芳,2001:163)人类学的调查也告诉我们,原始状态下人群的认知都是从特定的个体事物开始的,然后才慢慢有了类别的名称。比如说,由于交通不便,人们的见闻有限,就会把居住地附近的那座山或那条河看作是唯一的山或河,之后,人们的活动范围越来越大,看到别处也有类似的山或河,于是就用"山"或"河"给它们命名,同时加上一定的限制词与原先的山和河相区别。从世界文化的发生学角度来看,民族文化的自我中心是民族历史上的常见现象。每个民族在其发展初期都会自认为是世界的中心。直到地理大发现使得民族自我中心观念被冲击,不同人种、不同文化的差异才开始引人注目。

人类中心论（принцип антропоцентризма）是"蕴含在语言中的为语言使用者掌握、思考并直接表达出来的实践、理论、文化知识与经验"（Н. К. Рябцева，2000），同时还是以"人为分析某种现象基准点"的一种方法论原则（杜桂枝，2000）。它已经成为支撑现代语言学发展的理论基础，并在各种语言学中得到了不同解释，如隐喻研究深刻揭示了人类认知中的人本原则：人类"以人为中心，以身体经验为基础"来认知世界。人类中心范式决定了研究语言的民族文化特点的现实性和紧迫性。语言学家们关注"语言中人的因素"，意在阐明言语主体如何根据交际潜力，在共同世界知识背景使用语言。这就需要研究语言中蕴含的人的价值观和思维方式。

语言文化学以"人类中心论"为主导范式，研究语言中的文化因素和人的语言因素。语言文化学把语言及文化中人的因素放在第一位，研究人意识中的世界形象、特定民族文化中的隐喻和象征、熟语在复现民族文化信息中的作用等问题。

修辞学从建立伊始就注重"人"的因素，具有人本主义传统。修辞学对修辞主体的关注从未停止过，新修辞学更是关注修辞的认同与接受，强调以接受为目标，对接受者实施人文关怀。文化的基础特性决定，不研究文化就不能有效地阐释修辞。

（3）人文学科整合趋势的加强

当代学科发展呈现出两种基本态势：一是学科划分的精密化，二是高度的综合化。研究者必须借鉴其他学科的优秀研究理论、方法和成果，并把它们有机地运用到具体研究中去，才能使语言研究进一步地深化和富有价值。结合语言文化学的研究成果,扩展修辞学的研究范畴,既符合学科整合趋势,也具有一定的新意。

综上所述,共同的社会背景和学术背景为从新修辞学角度研究民族文化提供了必要的前提,也让此项研究变得可行而必要。

1.3.3.3 哲学基础

从哲学角度看,新修辞学和语言文化学在本体论、认识论和方法论上都存在交叉研究的可行性。本节将重点为两门学科的交叉研究寻求哲学支持。

1.3.3.3.1 本体论层次

首先,本体论是任何哲学都无法回避的哲学前提、哲学基本立场及理论基石,因为它探讨的是"存在"本身。人类研究语言的动机,不外乎两种需要:一是典籍阐释的需要,一是交际修辞的需要。典籍阐释使人类不断深化民族文化传统的内涵,语言的探究成为人类生存的一种方式;交际修辞使人类不断调整着人际关系,语言的探究成为人类活动的一种手段。无论是典籍阐释还是交际修辞,都出于人类对语言的一种共同的本体论认识。(申小龙,2000:222)

语言和语言学曾经是整个西方哲学发展的认识论和方法论的源泉,在西方哲学发生语言学转向后被置于哲学研究的中心位置,成为西方哲学的本体论所在。如海德格尔(Martin Heidegger)认为:"语言是存在的家园,在它的住处住着人。"伽达默尔(Hans-Georg Gadamer)认为:"语言是拯救世界的唯一希望。"这些哲学家都赋予语言第一性的位置,认为不是自然,而是语言在塑造着现实。那么,新修辞学和语言文化学在本体论上有何异同呢？本研究认为，西方现代修辞学的领袖人物肯尼斯·博克对修辞学的贡献之一，是他从本体论意义上为修辞学寻求支撑点。在他之前，修辞学都被人作为方法和工具，不属于具体的学科。而博克建立了新的理论体系，让人相信，修辞现象无处不在。修辞不仅蕴藏于人类一切传播活动中，而且还组织和规范人类的思想和行为的各个方面。人不可避免是修辞动物。从博克对修辞的定义"一些人对另一些人运用语言来形成某种态度或引起某种行动"中可以看出，在他的理论体系里，语言具有毫不动摇的本体地位。当然，在后现代主义思潮的影响下，新修辞学将研究范围扩大到了所有言语和其他非言语的象征行为。这和修辞学中语言的本体地位并不冲突，因为对非语言象征行为的研究显然是建立在对语言象征行为研究的基础上的。语言文化学的研究对象是语言与文化的互动关系，具体来讲是语言中的民族文化语义。（彭文钊等，2006：23）可见，语言文化学是坚持语言本体论的文本意义研究。因此，新修辞学和语言文化学都坚持语言本体论，注重研究语言中"人"的因素，具有交叉研究的本体论基础。

1.3.3.3.2 认识论层次

17世纪之后，西方哲学转向认识论研究，进入哲学的认识论阶段。从哲学上讲，对象物属于本体论范畴，而对象却属于认识论范畴。不同的科学可用同一现象的同一物质材料作为其研究的对象物，但却各有其不同的研究对象。（华劭，2003：2）新修辞学和语言文化学都坚持语言本体论，那么，它们在对语言的认识上有何异同呢？

博克的新修辞学思想是与他对人的生存环境的哲学思考联系在一起的。他认为，人在现实生活中总是审时度势的，总是不断地对他周围的环境进行观察和判断。他会根据对有利和不利因素的观察和判断，权衡它们可能对他的行动带来的影响，选择适当的策略，采取必要的行动。从认识论的角度看，这种观点并没有什么新意，甚至有点老调重弹，然而，在博克看来，人是象征性地对环境做出反应的。"我们必须给有利和不利的功能和关系命名，以便使我们对之有所作为。在这一命名的过程中，我们形成了自己的性格，因为名称浸润着态度，而态度又暗示了行动。"（转引自常昌富，1998：15）他进一步指出，语言不仅导致行动，而且建构我们的现实。人主要是通过语言来改变态度并诱发行动，而人一旦运用语言就不可避免地进入修辞环境。因此，修辞环境是永远存在的。

修辞话语不仅反映施动者所在民族的世界观和思维模式，还影响它的形成和发展。从这个角度看，一方面语言提供的是一个修辞化的世界；另一方面，人对外部世界的感知、人的价值观的建立、评价系统的产生，在很大程度上是通过语言实现的。因此，从修辞角度看，语言中包括使用者固有的认知模式和价值观，并对使用者产生影响；言语中不仅包括所使用语言手段中固有的价值观，作者认为应该被受众接受的价值观，还影响到受众价值观的形成和发展，起到唤醒、加固或改变等作用。

同时，新修辞学注意到人类文化学方面的研究，强调话语在建立和维护社团时的作用。博克修辞学思想的一个重要观点是他提出的"认同"（identification）学说，他说："旧修辞学的关键词是劝说，强调有意的设计；而新修辞学的关键词是认同，其中包括部分无意识的因素。"(Burke, 1967: 177) 劝说总是为达到某种直接的效果,其目的是明确的;而"认同"则具有更普遍、更深层次的意义,人们在言语活动中自觉或不自觉地寻求达到认同。博克认为,寻求"认同"是修辞活动的本质和标志。言说者的话语折射出他对某一事物的赞成还是反对的态度,如果倾听者也随之赞成或反对,"认同"便出现了。这一过程可以是有意识的也可以是"无意识"的,而"无意识"的认同则是修辞环境最深层的部分,这种无意识表现为下意识、一种本能。也就是说,"无意识"是长期的有意识沉淀在意识深层形成的下意识或潜意识。

语言文化学语言观的一个重要来源是洪堡特语言世界观学说。而语言世界观学说的直接理论根据是这样一个认识:语言不仅仅是表达手段,而且更主要的是认知手段。洪堡特认为,如果语言的功能仅仅在于表达,即传递思想、情感,对于人类来说语言就不是绝对必要的,因为人同样可以用其他符号或非符号手段进行自我表达(尽管不一定像用语言那样有效)。他明确区分了语言的表达功能与认知功能,并认为后者才是语言的本质,一切真正意义的语言研究必须立足于这样一个基本观念:语言(主要)不是供人达到相互理解目的的媒介,而是"一个民族进行思维和感知的工具"。(转引自姚小平,1995:133—134)

同样,我们看到,洪堡特也非常关注语言研究中"人的因素"的重要性,他指出:"在这个世界上,人最感兴趣的正是他本身,而不是任何其它对象。"(转引自姚小平,1995:42)以洪堡特的理论体系为基础,语言文化学树立了如下的语言观:语言是一种世界经验,以语言为基础,在语言中得以表现的是人拥有的世界。语言是人脑加工过的主观现实。人们主要生活在语言之中,人们用语言来谈论语言,用语言解释语言,正是因为运用语言,人们的道德观念得以强化。而语言的使用本身就是修辞,语言运作的结果——言语——就是修辞产品,因此,更准确地说,人生活在修辞环境即修辞幻象中。

综上所述,新修辞学和语言文化学在语言认识论上的共通之处在于:语言不仅具有表达功能,更具有认知功能,而且后者是其本质属性。人以语言的方式拥有世界,语言中得以体现的人拥有的世界,蕴含该语言所属的民族社会共同体的已成为民族无意识的主观经验。正如海德格尔所言:"语言是存在的家园。"不同点在于,语言文化学致力于研究语言与文化的关系,注意力集中在通过语言文化中介表意单位对民族精神的本质特征进行分析、描写和解释。而修辞学不仅关注民族精神特征,更从宏观层面关注民族特征对语言运用即修辞行为的影响。具体到语言文化单位的研究,则更多将其作为研究基础。与语言文化学的研究取向相比,修辞学注重语言单位在实际言语交际过程中的运用。结合语言文化学的理论成果,从语言层面描写和阐释语言文化的中介表意单位,并从言语层面对其实际运用进行修辞学描写与修辞学阐释。语言文化单位的修辞学研究将成为一种新的尝试和系统的研究模式。

1.3.3.3.3 方法论层次

西方有一种关于科学理论的分类法。这种分类法把科学理论分为两大类:一类科学理论旨在描写科学事实,对科学事实提供精细的分类描写,人们称之为描写性理论(descriptive theory),

如结构主义语言学就属此类。另一类科学理论旨在为科学事实的成因提供理论解释，回答什么原因使事实成为这种样子，而不是那样子。这种理论叫解释性理论（explanatory theory），如认知语言学就属此类。（桂诗春等，1997：6）

新修辞学理论研究话语的所有形式（文学的、哲学的以及实践的）如何反映人类的动机和价值，阐释个人如何通过社会环境去理解自己以及他人的话语。从方法论上看，新修辞学既是对语言及其规则性的描写，又是对这些规则生成的文化、社会、心理等原因的解释。

语言文化学发展了两种主要的研究方法。一是观念／概念分析法，即研究某一民族语言特有的观念、概念，例如俄语中典型的概念：心灵（душа），忧愁、思念（тоска），命运（судьба），意志（воля），指望、侥幸（авось）等，探究其中所反映的民族价值观念。二是话语分析法，具有跨学科性质，涉及语言学、修辞学、心理语言学、符号学、演讲术以及哲学等学科。从目前语言文化学界进行话语分析的领域看，其内容已包括话语的意识形态分析、话语的历史分析、话语的心理分析、话语的语用分析、话语的跨文化交际分析等。（赵爱国，2006：70—72）概括地说，语言文化学是以描写为基础的阐释性研究。

可见，在研究方法上，语言文化学和修辞学都是坚持描写与阐释相结合的系统研究方法。借此，可以使用语言文化学的方法，对语言文化单位的民族文化意义的生成进行阐释，不过这并不是我们研究的重心所在。本研究的重心在于使用新修辞学的阐释理论，对语言文化单位在言语中的功能及效果进行重新审视和阐释。

1.4 语言文化单位的修辞学研究模式

综合前三节的研究结论，可以得出，修辞学是集语言研究和言语研究为一体、描写和阐释方法并重的系统性学科。其中，语言单位修辞学为语言文化单位的语言层描写和阐释提供了方法论，功能修辞学和篇章修辞学为语言文化单位的言语层描写提供了模式，而新修辞学则为言语文化单位的功能描写和功能的阐释提供了新的理论支持和方法论。由此，可建立对语言文化单位集语言层和言语层、描写和阐释相结合的修辞学系统研究模式。这样一来，不仅可以拓宽了修辞学的研究范围，还和语言文化学形成学术研究方向上的互补，具有一定的理论价值。下文从语言层与言语层、描写和阐释两个方面，对如何构建语言文化单位的修辞学研究模式进行简要说明。

1.4.1 语言与言语

1.4.1.1 语言层

韩礼德认为："语言是由许多系统组成的网络，系统就是若干个相互对立的类。"（转引自王臻，2008：52）语言文化单位在结构上、语义上和修辞机制上构成系统。系统论作为方法论将贯穿本研究的整个过程。从修辞学方向研究语言文化单位，本着系统论的研究方法，可按照索绪尔结构主义语言学的语言和言语两分法，从语言和言语层次分别对其进行描写和阐释。

语言文化单位本身具有修辞属性。所有语言单位，包括语言文化单位都是修辞资源，并呈现显性或中态的修辞属性，即情态色彩和功能色彩。语言文化单位作为语言和文化研究的中介单位,凸显民族的社会价值和情感取向。从广义上看,文本的民族文化色彩是修辞效果之一,因此语言文化单位在修辞属性上通常呈现显性。

当代西方修辞学认为,语言总是渗透着伦理道德和思想意识。语言文化单位作为民族文化的语言中介单位,较中性表达手段更加显著地凸显民族价值。修辞具有认知性,修辞学的目的在于影响人类的行为,对于修辞手段和目的的选择必须符合民族的价值标准和伦理标准。修辞学的主要功能是对人类价值观和文化的目的进行归纳和传播。其次,语言文化单位本身蕴含修辞过程。美国修辞学家理查兹(I. A. Richards)认为,语言天生具有隐喻性质,创造隐喻的能力是普通人生来就有的。他坚持认为隐喻不是一种装饰或修饰,"隐喻不仅是无所不在的语言原则",而且"连思想从根本上来说也是具有隐喻性质的"。(转引自胡曙中,2001:215)语言文化单位(典型)的形成过程蕴含着认知过程,即具有隐喻意义。

文化因素在交际环境中作为人的行为模式的深层结构,规范和制约交际语言。语言文化单位的文化意义对修辞意义有较强的制约作用。人类言语交际的环境因素可分为显性文化因素和隐性文化因素:角色关系、话题、交际媒介等在言语交际中呈现显性,而生活方式、行为准则、生活习俗、社会准则、价值观念等呈隐性。(申小龙,2000:128)其中,显性文化因素主要体现在言语交际的具体过程中,而隐性文化因素是本族人习焉不察而又有心理共识的"集体无意识",体现一个民族文化精神的底蕴,不仅对修辞过程起着制约作用,并且体现在该语言的语言文化单位中。

因此，在语言层面，语言文化单位作为重要而特殊的修辞资源，具有一定的研究价值。通过语言层面的研究，可归纳出语言文化单位作为修辞资源的形态－语义特征和修辞属性，对施动者在修辞过程中更好地加以利用，达到理想的修辞效果具有一定的指导意义。其次，语言文化单位作为研究修辞过程中"人"的因素的背景，体现了一个民族文化精神的底蕴，决定着"人"的价值观和情感取向，并对修辞过程起着制约和决定性作用。从语言层面上讲，认识语言文化单位也是对民族文化及心理的认知，因为真正理解并合理运用才是有效的修辞活动。修辞既是一种语言体式，又是一种关于有效交际的言语体式。

1.4.1.2 言语层

从言语层面研究语言文化单位是本研究的重点研究方向。修辞学研究人们如何使用符号尤其是语言去影响他人，所以，宏观上它必然涉及三个方面的问题：一是修辞行为主体的人，即说话者（施动者／表达者）；二是修辞话语；三是修辞话语的听众或读者（受动者／接受者）。（邓志勇，2007）这三个方面构成修辞活动的完整链条和有机整体。人作为修辞行为的主体，对外部世界的感知、价值观和评价系统的建立在很大程度上是通过语言实现的，而语言提供的又是一个修辞的世界。人类以自己的词汇系统承载主体经验时往往按照修辞的方式组织为相应的结构模式，对人类而言现实借助语言存在。因此，毋庸置疑，说话人本身的统觉背景具有修辞性和文化性，其对言语策略和语言单位的选择组合即修辞过程，生成的言语产品即修辞文本具有民族文化特点。语言文化单位作为蕴含民族文化因素的语言单位，具有相对固定的形式和意义。在具体的修辞过程中，在结构和意义上都会得到与语旨和语境相关的运用，形成相应的变体。

因此，从言语层研究语言文化单位，重点在于它的使用类型、转用的语言手段、其在言语层的生成模式以及行使的修辞功能上。

1.4.2 描写与阐释

众所周知，语言学的任务是研究人类语言活动中的各种语言现象，总结各种语言现象中所表现出来的规律性和因果性。语言学既有对语言的个别现象或事物的陈述所构成的经验知识，也有对语言现象或事实进行解释的理论知识。因此，描写和阐释构成了语言学研究的基本方法论。修辞学研究是以阐释为主、描写与阐释相结合的系统性研究。

在本研究中，描写法应用于语言和言语两个层面，主要用于以下内容的研究：对语言文化单位进行形态、语义和特征的描写；对语言文化单位的具体应用模式及其在言语层执行的功能进行系统描写。阐释法同样应用于语言和言语两个层面，其中，在语言层体现为对语言文化单位的民族文化意义生成进行阐释；在言语层则体现为根据新修辞观和对话性理论，构建语言文化单位言语变体的生成和理解模式，力图得出较为系统、合理的理论阐释模式。

1.5 本章小结

综上所述，本研究拟定结合传统修辞学、西方新修辞观、对话性理论和语言文化学以语言文化单位为主的相关理论，从修辞学角度对具有民族文化语义的修辞资源,即语言文化单位进行语言和言语层的系统研究。在方法论上以描写和阐释并重,其中描写得出的结论是阐释研究的基础。研究宗旨在于揭示语言文化单位的修辞属性,并对其在实际交际中的应用进行描写和阐释,从而得出具有一定可操作性的、理论与实践并重的系统研究模式,服务外语教学和学术研究。本研究安排第二章从语言层介入,第三、四章分别从言语层次介入进行研究,一则便于建立层次清晰的研究框架,二则体现现代语言学研究的系统性思想。

第二章 语言文化单位的语言层描写与阐释

2.0 引言

修辞学已形成共识的是：所有的语言单位都可以充当修辞资源，所有的语言单位都具有自己的修辞色彩，语言中没有修辞色彩的单位是不存在的。人生活在语言构建的修辞幻象中，即生活在自己的语言世界中，并通过修辞使语言转化为言语来表达自己的思想和情态，反映自己的心理和审美。一般情况下，修辞施动者通常只能在本身具备的修辞资源范围内选择修辞手段，受动者只能依赖本身具备的修辞资源理解交际言语，因此，修辞资源的范围对修辞实践有着统辖性的限制和影响。提高对修辞资源的认识和掌握，就是提高修辞运作的准确性和有效性。反之，如果忽视对修辞资源的描写，修辞运作就会出现盲目性，甚至导致修辞运作无效，修辞资源流失。

修辞资源的总和即语言系统的异同体现民族文化的异同。因生存地域和生活方式不同，不同民族对世界的看法也不尽相同，所形成的语言系统也具有鲜明的民族特色。因此，在全球化浪潮日益壮大、文化对话日益加强和民族文化回归的今天，蕴含民族文化语义、体现民族个性的语言文化资源无疑应当受到修辞学的特别关注。鉴于目前修辞学并未对这类修辞资源单独命名，本研究借鉴语言文化学的研究成果，通过对比分析（参见1.2），选用俄罗斯语言文化学家沃罗比约夫提出的语言文化单位作为研究对象。

本章参照资源修辞学、语言文化学（沃罗比约夫）、符号学以及文化语义学的理论成果对语言文化单位的形态、语义进行分析和描写，推断语言文化场作为研究方法对修辞学的借鉴意义，并通过归纳语言文化单位的场性特征和修辞特征，从修辞学角度对其加以界定。需要指出的是，对语言文化单位进行语言层阐释，是从语言文化单位入手，研究其民族文化语义的生成过程及开放性，本研究将其置于语义系统的阐述中。

2.1 语言文化单位的概念

沃罗比约夫提出了语言文化单位和语言文化场的概念，并构建了"俄罗斯民族个性"（русская национальная личность）语言文化场。其中，语言文化单位是"民族个性"语言文化场的组成元素，它们的集合体集中体现一个民族相对于其他民族的个性，即同一民族文化共同体成员之间的共性，对研究民族文化具有重要的价值。沃罗比约夫从符号学角度出发，将语言文化单位定义为"符号、意义与其所指文化客体物的类别概念的统一体"（Воробьев，1991）。

值得注意的是，沃罗比约夫将文化概括地分为物质文化（материальная культура）和精神文化（духовная культура）两大类。本研究通过第一章（1.1.1）对文化现实层次的分析，认为文化分为三个层次,即物质文化层、规范文化层和精神文化层,更加层次分明、便于研究。这三个层次体现了人类在认知世界、社会交往和发现自身的过程中与自然、与他人以及与自身之间的三种不同关系。语言文化单位不仅在物质层面体现了民族个性,例如俄语中"сарафан"(萨腊范)、"самовар"(茶炊)、"квас"(克瓦斯,一种酸性饮料)、"чай с сахаром"(加糖的茶)、"рябина"(花揪树)等,还体现了文化的其他层次即规范文化层次和精神文化层次的差异。例如在规范文化层面体现民族个性的语言文化单位:"хлебосольство"(好客,体现俄罗斯民族用盐和面包接待贵客,以示友好的风俗),"Мир"(米尔,13—20世纪俄罗斯的村社),"третий семестр"(第三学期,即高考后大学生自愿报名的暑期劳动),"дача"(郊外私人住宅,多用于夏季和周末度假)等。在精神文化层面体现民族个性的语言文化单位:"Для милого друга семь вёрст не околица"(为了去看好朋友,多绕七里路也不嫌远),"Не имей сто рублей, а имей сто друзей"(宁要一百个朋友,不要一百卢布),"друзья познаются в беде"(患难见真情)等,体现了俄罗斯民族的友情观;"Час терпеть, а век жить"(忍一忍,保长寿),"Терпи, казак, атаман будешь"(能忍耐,才能出人头地),"За один раз дерева не срубишь"(一斧头砍不倒大树)等,体现了俄民族的忍耐观。

2.2 语言文化单位的形态系统

2.2.1 沃罗比约夫对语言文化单位的形态描述

根据沃罗比约夫在其专著《语言文化学:理论和方法》中对

语言文化单位的形态结构的界定。语言文化单位在形态上不是某种单一的语言符号，而是从词汇到篇章（текст）的完整链条。目前，国内英语界、俄语界和汉语界对"text / текст"，即"按照一定句法规则组合而成的话语统一体"的术语界定不同：英语界惯用"语篇"，俄语界惯用"篇章"，而汉语界则惯用"文本"。本章作为以俄罗斯理论体系为主要基础的专项研究，使用"篇章"的概念。

沃罗比约夫突破了单位之间的结构限制，按照主题——而不是传统意义上的形态特征——在组合和聚合两个方面分层逐渐排列，相互关联，从而构成语言文化场的统一体。语言文化单位无论体现为何种结构类型，都是语言文化场的一个结构成分，指向一定的文化内涵。沃罗比约夫参照维诺格拉多夫对词汇形象（словесный образ）的界定，对语言文化单位的形态类型进行了如下列举（Воробьев，1997：53—56）：

语言文化单位可以是具有评价意义，反映俄罗斯民族个性的一个词（одно слово），例如"Манилов / маниловщина"（玛尼洛夫 / 玛尼洛夫习气，果戈理《死魂灵》的人物形象）、Хлестаков / хлестаковщина（赫列斯塔科夫 / 赫列斯塔科夫习气，果戈理《钦差大臣》的人物形象）、Обломов / обломовщина（奥勃洛莫夫 / 奥勃洛莫夫习气，冈察洛夫《奥勃洛莫夫》的人物形象）、Печорин / печоринство（毕巧林 / 毕巧林习气，莱蒙托夫《当代英雄》的人物形象）等。

语言文化单位可以是词组，用来对场进行称名或表达具有民族特征的事或物。例如，反映民族文化（涵盖文化的三个层次）特色的词组（словосочетание）：русский человек（俄罗斯人）、

русский характер（俄罗斯性格）、русское масло（俄罗斯奶油）、русская печь（俄罗斯炉子）、русская рубашка（俄罗斯衬衣）、русские сапоги（俄罗斯靴子）等。沃罗比约夫认为，这些体现为合成词组的语言文化单位指向的物质文化领域构成了俄罗斯"民族个性存在的环境"，指向的精神文化构成俄罗斯"民族个性"。

语言文化单位可以是一个或多个段落（абзац или несколько абзацев），例如陀思妥耶夫斯基（Достоевский）在《少年》（«Подросток»）中对俄罗斯忧世情怀（всемирная русская отзывчивость）的描写：

У нас создался веками какой-то еще нигде не виданный высший культурный тип, которого нет в целом мире, — тип всемирного боления за всех. Это — тип русский, но так как он взят в высшем культурном слое народа русского, то, стало быть, я имею честь принадлежать к нему. Он хранит в себе будущее России. Нас, может быть, всего только тысяча человек — может, более, может, менее, — но вся Россия жила лишь пока для того, чтобы произвести эту тысячу. Скажут — мало, вознегодуют, что на тысячу человек истрачено столько веков и столько миллионов народу. По-моему, не мало.

译文：在我们这儿，许多世纪以来造就了一种具有高度文化修养的人，这种人别处还没见过，全世界都没有——这是一种为全世界的人受苦的人。这是俄国的一种人，可是因为它来自俄国人民的最高文化阶层，那么，我就荣幸地属于这一阶层。这种人保护着俄国的未来,我们也许总共只有一千人(也许多一点,也许少一点),可是整个俄国之所以生存到现在,只是为了产生这一千人而已。有人会说一千人太少了,于是愤愤然,认为这么多年代都过去了,千百万人都死了,才出了一千个人。依我看来,这不算少。

语言文化单位可以是整个篇章(целый текст)。在此,沃罗比约夫特别凸显了诗充当语言文化单位的典型性,认为其丰富的象征意义有助于揭示俄罗斯民族个性的本质特征。例如:

Умом Россию не понять

Умом Россию не понять,

Аршином общим не измерить,

У ней особенная стать —

В Россию можно только верить.

——Ф. И. Тютчев

译文:

理性不能理解俄罗斯

理性不能理解俄罗斯,

用普通的尺子不能测量俄罗斯,

俄罗斯有她特殊的性格,

你只能相信我们的俄罗斯。

——费·伊·丘特切夫

再如,展现俄罗斯民族个性的文学作品也可以充当语言文化单位:阿·托尔斯泰(А. Н. Толстой)的小说《Русский характер》(《俄罗斯性格》)等。

然而,词、词组、段落和篇章是否构成了词汇到文本的完整链条呢?从词汇到篇章之间的形态链条上具体都有哪些结构类型呢?词汇到篇章的形态链条是否涵盖了所有的语言文化单位呢?各个结构层次在修辞意义上是否具有独特属性呢?本章 2.2.2 将在沃罗比约夫理论的基础上,参照结构语言学和修辞学的相关理论,对语言文化单位的形态结构类型及其在修辞上的特性进行补充说明和描写,以构建服务修辞研究的语言文化单位的形态系统。

2.2.2 语言文化单位的形态系统

2.2.2.1 语言系统的结构层次

结构语言学认为,语言在形态上是具有层次性的,语言层次被界定为"语言中同名单位所构成的局部分系统(或子系统)"。语言系统是一个复杂的层级装置,其中究竟包括多少层次,如何决定层次,学者们各持己见。我国华劭教授和王铭玉教授从本体论出发,以客观存在为依据,将语言划分为以下层次(王铭玉,2003:189):

表 2-1 语言系统的结构层次

可见事实层次(наблюдаемый аспект)	抽象概括层次(абстрактный аспект)
句素(высказывание)	句位(предложение)
词素(словоформа)	词位(слово)
形素(морф)	形位(морфема)
音素(фон)	音位(фонема)

本研究认为，上述划分依据合理，层次明晰，系统性强且容易理解。据此，语言符号可以有 4 个基本层次：音位—形位—词位—句位。由于句子是最小的交际单位，上表中的划分将句位层作为形态层次的最高层次。而随着对语言认识的不断深入，学者们对句子以上的语言单位也表现出浓厚的兴趣，涌现出篇章语言学、篇章修辞学、篇章语用学、篇章翻译学等一系列以篇章为研究单位的语言学分支学科。那么，根据他们的研究成果，句子以上的单位在语言结构层次如何得以体现呢？本研究尝试将句子以上的单位统称为超句，按照语言和言语的区分标准，借鉴表 2-1 的划分规则，本研究尝试将超句在可见事实层面的体现称作"超句素"（сверхфразовая форма），在抽象概括层次称作"超句位"（сверхфразовая единица）。

综上，语言系统的本体结构如下图所示：

表 2-2　语言系统的本体结构

可见事实层次（наблюдаемый аспект）	抽象概括层次（абстрактный аспект）
超句素（сверхфразовая форма）	超句位（сверхфразовая单ица）
句素（высказывание）	句位（предложение）
词素（словоформа）	词位（слово）
形素（морф）	形位（морфема）
音素（фон）	音位（фонема）

上表中，左列是一种现实的、自然的链条，在话语中真实地存在着，而右列是对左列的一种抽象反映，并不真实存在于话语中。按照索绪尔对语言和言语的层次划分，左列属于言语层次，右列属于语言层次。因此，两者既相互依存又相互区别：如果说

左列是右列在言语中的实体形式，那么右列就是左列在语言中的概括形式。

符号学认为，各个结构层次之间存在以下结构关系：自下而上——下一层单位作为上一层单位的成素而进入上一层单位，行使构筑功能（строевая функция）；自上而下——上一层次单位以下一层次单位为基础铺垫。（王铭玉，2003：191）各个层次之间存在以下语义关系：一般认为，越是低层次的单位，意义越抽象；越是高层次的单位，意义越具体、越有针对性。（华劭，2003：55）

2.2.2.2 语言文化单位的形态系统

显然，从语言层描写语言文化单位，其形态体现为表 2-2 的右列中的词位到超句位层次。相应，左列是其被使用时在言语层的体现，本研究将在第三章对其做出详细描写和分析。按照上表中的结构层次，底层的音位作为区别性特征，形位作为最小表意单位能否充当语言文化单位呢？下面对语言文化单位在结构系统各层次的体现分别进行分析：

音位是物质载体最小的辨义单位。（华劭，2003：53）语言任意说认为，脱离言语运用和社会约定，语言符号的语音介质和书写形式本身并不与特定的意义相关联。这在总体上是对的，但情感语义的表达常常能体现出一定的理据性。不可否认，不同民族对语音有着各自的喜好，即音位中也蕴含着民族情感，例如俄罗斯民族对"ф"、"щ"、"х"等音位相当忌讳；俄罗斯语言之父罗蒙诺索夫（М. В. Ломоносов）经过对俄语元音的研究发现："在俄语中，似乎经常重复字母'а'可以造成富丽堂皇的、空旷的、深远的、高大的以及骤然恐惧的效果；增加字母'e'、'и'、'ь'、'ю'的使用次数可以有一种温柔爱抚之感，有一种凄怆、微小的实物感；通过字母'я'能显示出喜悦、欢乐、柔和与爱好；通过字母'o'、'y'、'ы'表现出的是能引起仇恨、嫉妒、惧怕和忧伤感觉的东西。"（Кожина，1982：209）不过，音位不属于表义单位，没有称名功能，不符合"符号、意义与其所指文化客体物的类别概念的统一体"的概念界定，因此并不合适归入语言文化单位的外延。

形位作为存在于词结构内的最小表义单位，主要体现为音节形式的词根和各种词缀等。例如"род-"、"красн-"、"-ишк-"等。虽然同属表义单位，但和词位层不同的是，形位层单位不能够独立运用，它的每次使用都是一个现成单位的复现过程。（王超尘，1988：257）本研究认为，有些形位虽然蕴含民族情感和价值观，但还只是一种抽象的概念，并不具有真正称名功能上的意义。因此，形位层的语言单位并不符合"符号、意义与其所指文化客体物的类别概念的统一体"的概念界定，不应该将其归入语言文化单位的外延。

2.2.2.2.1 词位层

词位层包括名词、动词等各种词类，是最小的称名单位。根据语言文化学的研究传统和现有成果，词汇层作为语言最活跃的部分，无疑是语言文化单位最主要的形态体现。语言文化学研究较多的是反映俄罗斯民族文化特点的名词和数词等词类，如动物名称：медведь（熊：傻得可爱的勇士）、кукушка（布谷鸟：象征忧愁的独身女人、主凶的预言者）、ворона（乌鸦：凶残的恶魔)、сова(猫头鹰:夜猫子、智慧的化身)、гусь(鹅:滑头、不讲信用的人)、кит(鲸:台柱子)、заяц(兔子:逃票的人)、журавль(鹤:忠诚于祖国的象征)、аист(鹳:象征家庭安逸幸福及生儿育女的喜事)等;植物名称:берёза(白桦树:"祖国"和"故土"的象征)、рябина(花揪树:祖国、大自然和姑娘的象征)、Иван-да-Марья(蝴蝶花:象征忠贞不渝的感情)、осина(白杨:脆弱、胆怯的象征)等;颜色:красный(红色的,красная девушка:美丽的姑娘)、чёрный(黑色的,чёрная работа:脏活儿)、белый(白色的,белый танец:女方邀请男方跳的舞)、голубой(天蓝色的,голубая мечта:美妙的梦想)、зелёный(绿色的,зелёная молодость:幼稚的青年时代)、золотой(金色的,золотые руки:巧手)、жёлтый(黄色的,жёлтый дом:疯人院)、синий(蓝色的,синий чулок:女学究)等;数词:три(三,без троицы дом не строится:好事多磨)、семь(七,на седьмом небе:如登天堂)等;民俗形象、文学形象和其他称名单位:мешок(笨拙的人)、колпак(缺心眼的人)、свистун(只会吹牛皮的人)、тряпка(孬种、屠头)等(吴国华,1991)。沃罗比约夫也对专有名词中的语言文化单位进行了描述(参见 2.2.1)。从修辞学角度看,由于语言文化单位蕴含特定的民族情感和价值判断,因此在修辞色彩上常常呈现显性。例如 Манилов / маниловщина, Хлестаков / хлестаковщина, Обломов / обломовщина 等语言文化单位具有贬义色彩。

除名词称名单位外,带有文化伴随意义的动词也值得关注。例如 сглазить(用毒眼看坏,用毒眼看人而使其发生不幸)、насолить(放很多盐;搞出不愉快的事)、пилить(锯;不断唠叨埋怨,老是挑毛病)等。目前,语言文化学对动词的研究还多停留在名词称名单位的派生词范围,例如,由动物名称名词派生的动词:бычиться(бык:牛)(愁眉苦脸、闷闷不乐)、вьюнить(вьюн:泥鳅)(像泥鳅一样钻来钻去)、ежиться(еж:刺猬)(难对付的人,刺儿头)、ехидничать(ехидна:澳洲针鼹)(毒辣地挖苦)、жеребячиться(жеребец:公马,种马)(轻狂地淘气不止)、жульничать(жук:甲虫,金龟子)(欺诈,捣鬼)、змеиться(змей:蛇)(蛇行蜿蜒,弯曲地移动)、ишачить(ишак:驴,骡子)(当牛做马,干重活)、каркать(карга:乌鸦)(报丧,说丧气话)、козлить(коза:山羊,母山羊)(突然急跳)、канючить(канюк:鸳鸟)(苦苦纠缠,抱怨不止)、кичиться(кит:鲸)(自高自大、自吹自擂)、окрыситься(крыса:大老鼠)(对……发脾气,愤愤地回答)、куковать(кукушка:布谷鸟)(过苦日子,受穷)、лисить(лиса:狐狸)(溜须拍马,奉承)、моржевать(морж:海象)(冬泳,进行冬泳训练)、обезьянничать(обезьяна:猴子)(盲目模仿)、ослить(осел:驴)(说拙劣的俏皮话)、павлиниться(пава:孔雀)(骄矜,妄自尊大)、петушиться(петух:公鸡)(怒气冲冲,发火)、попугайничать(попугай:鹦鹉)(鹦鹉学舌,当应声虫)、свинячить(свинья:猪)(搞得很脏)、слонять(слон:大象)(无事走来走去,闲荡)、собачиться(собака:狗)(臭骂,学会)、советь(сова:猫头鹰)(昏昏欲睡)、сорочить(сорока:喜鹊)(叽叽喳喳闲扯)、стрекозить(стрекоза:蜻蜓)(过于活泼好动,不肯安静下来)、

тявкать（тявкуша：猎狗）（吵骂，唠叨）、хамелеонствовать（хамелеон：变色龙）（出尔反尔，反复无常）、паратизировать（паразит：寄生虫）（寄生，靠剥削别人生活）、звереть（зверь：野兽）（发狂，变得像野兽一样）等。从目前来看，对广大固有动词文化伴随意义的研究还有待加深。从修辞学角度看，上述大多数动词具有丰富的修辞色彩和功能色彩，从语体上看，60%具有口语或俗语色彩。如 звереть, жеребячиться, ехидничать, лисить, обезьяничать, павлиниться, петушиться 等动词具有口语色彩；куковать, окрыситься, бычиться, вьюнить 等具有俗语色彩；而 тявкать, собачиться 属于粗俗语；сорочить 为方言词；попугайничать, паразировать, кичиться, канючить, ишачить, змеиться, ежиться 等为中性语体词。正因为丰富的修辞意义和可联想的动物形象的结合，才使这些动词在运用中产生了特殊的感染力和生动性，大大增加了言语的活力。从情感表现力色彩看，上述动词绝大多数在感情色彩上都是贬义。比如 кичиться（自高自大，自吹自擂）、павлиниться（〈口〉骄矜，妄自尊大）、паразировать（寄生，当寄生虫）、лисить（〈口〉溜须拍马，奉承）等。只有小部分动词在感情色彩上是中性，但联想意义丰富、生动传神、富有形象，比如 змеиться（蛇行蜿蜒，弯曲地移动）等。只存在数量较少的带褒义色彩的指人的表动物名词，例如 сильный как бык（健壮如牛）、преданный как собака（像狗一样忠诚）等。这和动物名称也是有关的，一方面这些词汇反映出俄罗斯人民对骄傲、懒惰、奉承这些人性中的消极方面的排斥和指责，另一方面和人类认识世界的方式和态度有关。俄罗斯人适应森林文化形成的价值观和世界观，较常用动物名称构成的动词可使人的言行特征动物化，而人类潜意识中把自己当成自然界的主宰。因此，用动物来指人，或是动物名称派生的动词都常用来表示比人类低级的动作或特征。（李宝玲，2007）

2.2.2.2.2 句位层

句位层包括词组层和句子层。沃罗比约夫重点论述了作为语言文化单位结构形态的词组层，例如 русская национальная личность（俄罗斯民族个性）、русский язык（俄语）、русский мороз（俄罗斯严寒）等；但并没有将句子层列入语言文化单位的外延，考虑到语言文化单位形式的多样性和包容性，句子这一结构类型完全可以纳入语言文化场，成为它的基本单位，从而保证语言文化单位在形式链条上的完整性。（彭文钊，2002：194）成语（фразеологизмы）、谚语（пословицы）、名言警句（крылатые слова）等语言结构类型，虽然没有严格界定在表2-2 的句子层次，但却处在词位和句位之间，并作为完整链条的一环。丁昕教授曾将成语层界定为"成语是词素、词和词组、句子之间的一个中间层面"（丁昕，2000：8）。因此，彭文钊博士将成语、谚语和名言警句等单位补充归入语言文化单位的外延，例如：

成语：казанская сирота（喀山孤儿，假装可怜的人）、курский соловей（库尔斯克的夜莺；歌喉嘹亮的人；爱说漂亮话的人）、медвежья услуга（帮倒忙，弄巧成拙）、Волга впадает в Каспийское море（尽人皆知的道理）、язык до Киева доведет（路在嘴上）、в Тулу со своим самоваром не ездят

(去图拉城用不着带自己的茶炊，多此一举)、до Москвы не перевешаешь（很多，不可胜数）、устать как собака（累得要死）、морской волк（航海老手）等。

谚语（俗语）：Куй железо, пока горячо（趁热打铁）；Знает кошка, чье мясо съела（自知理亏）；Чтобы узнать человека, надо с ним пуд соли съесть（要想了解一个人，必须和他吃完一普特的盐）；Семь раз примерь, один раз отрежь（量七次，裁一次；三思而后行）；Не поклонясь до земли, и гриба не подымешь（不弯下腰，就捡不到蘑菇）；Лучше умереть орлом, чем жить зайцем（宁愿像鹰一样死去，不愿像兔子那样贪生）；Посмотрит — рублем подарит（看上一眼，就像得了一个卢布似的那么高兴；情人相见，分外顺眼）；Правда в огне и в воде не тонет（真理不怕火烧，不怕水淹；有理走遍天下，无理寸步难行；真金不怕火炼）等。

名言警句：А Васька слушает да ест（引自克雷洛夫的一则寓言《猫和厨师》：听话人对说话人所说的内容毫无关心；置若罔闻）；Знание — сила（引自弗朗西斯·培根《沉思录》：知识就是力量）；Привычка — вторая натура（亚里士多德：习惯是人的第二天性；习惯成自然）；Москва слезам не верит（苏联电影名称《莫斯科不相信眼泪》）等。

本研究认为，套话（речевые штампы）、口头禅（присловье）等语言单位和上述成语、谚语（俗语）和名言警句相似，同样属于"介于词素、词和词组、句子之间的一个中间层面"，也可归入语言文化单位的外延，以完善语言文化单位形态链条上的完整性。例如：

套话：Тьфу! Тьфу! Не сглазьте!（呸！呸！可别看出毛病！）

这和俄罗斯所谓的"毒眼"（дурной глаз）禁忌有关。古代斯拉夫人迷信眼睛具有一种对人影响极大的力量，这种目光看人，尤其是新生儿，会使人遭灾。人们十分怕生人看了新生儿后夸奖其长得漂亮、结实，会把新生儿看坏，给新生儿带来病痛。因此，从古至今俄罗斯人都会说以上固定的套话，并超左肩啐三口唾沫。

再如：— Ни пуха ни пера!
— К чёрту!

上句不是指"一无所获"，而是作为特有的问候祝愿语，预祝外出打猎或捕鱼的人满载而归，也可以预祝应试的学生考出好成绩。下句也不是指"见鬼去吧"，而是对上句话的程式化应答。

口头禅：черт возьми（真见鬼，真该死；真了不起，真不简单）

ёлки-палки（真见鬼，真糟糕）等。

成语、谚语、警句、名言、俗语、套话、口头禅等这些语言单位一旦形成，就会存在相当长的时间，它们必然会保留和反映该民族特定时期的文化、历史、经济、生活习俗等特点。如果说语言是民族文化的镜子，那么成语则是民族文化的保存者和最集中的体现者。俄语成语极其丰富，它记录和反映了俄罗斯民族生活的方方面面，有着鲜明的民族特征。从形态－语义上看，这些语言单位不是人们在交际过程中根据需要而形成的临时组合，而是各民族人民在语言交际中经过长期运用，约定俗成的语言现象。因此，它们具有结构的相对固定性和意义的整体性，广为同一语言共同体绝大多数成员所认同和理解。

修辞使用语言追求最佳交际实效。成语等语言单位具有生动、形象、简练等特点，无疑是达到最佳表达效果的一种很好的语言手段。（丁昕，2003：246）

2.2.2.2.3 超句位层

本研究定义的超句位层包括段落（一个或多个）和篇章，这和沃罗比约夫的描述是一致的。段落或篇章在篇幅上可长可短，内容上可繁可简，只要为语言共同体所熟知，并引发特定的民族情感和价值判断，即可充当语言文化场的基本单位。超句位层的语言文化单位虽然具有丰富的象征意义，但同时也具有为语言共同体绝大多数成员所熟知的相对固定的结构和意义的整体性。例如：

段落：

Самое дорогое у человека — это жизнь. Она дается ему один раз и прожить ее надо так: чтобы нс было мучитсльно больно за бесцельно прожитые годы, чтобы не жег позор за подленькое и мелочное прошлое и чтобы, умирая, смог сказать: вся жизнь и все силы были отданы самому прекрасному в мире — борьбе за освобождение человечества.

——Н. А. Островский

译文：人生最宝贵的是生命，生命属于人只有一次。一个人的生命应当这样度过：当他回忆往事的时候，他不致因虚度年华而悔恨，也不致因碌碌无为而羞愧；在临死的时候，他能够说："我的整个生命和全部精力，都已献给世界上最壮丽的事业——为人类的解放而斗争。"

—— Н. А. 奥斯特洛夫斯基

篇章：

Я вас любил…

Я вас любил: любовь еще, быть может,

В душе моей угасла не совсем;

Но пусть она вас больше не тревожит;

Я не хочу печалить вас ничем.

Я вас любил безмолвно, безнадежно,

То робостью, то ревностью томим;

Я вас любил так искренно, так нежно,

Как дай вам бог любимой быть другим.

—— А. С. Пушкин (1829 год)

译文：

我曾经爱过你……

我曾经爱过你：爱情，也许

在我的心灵里还没有完全消亡，

但愿它不会再打扰你，

我也不想再使你难过悲伤。

我曾经默默无语、毫无指望地爱过你,
我既忍受着羞怯,又忍受着嫉妒的折磨,
我曾经那样真诚、那样温柔地爱过你,
但愿上帝保佑你,
另一个人也会像我爱你一样。

——A.C.普希金(1829 年)

2.2.2.2.4 小结

综上所述,语言文化单位的外延包括词位、句位和超句位等 3 个层次。鉴于这 3 个层次之间的界限存在模糊性,可将语言文化单位的外延归纳为"由词位到超句位的完整链条",如下图所示:

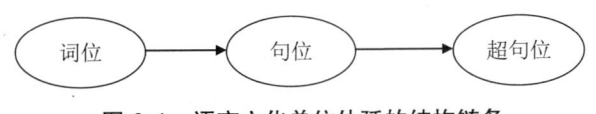

图 2-1 语言文化单位外延的结构链条

需要指出的是,语言层次越低,其单位的所指越含糊、抽象;层次越高,其单位(整体)的意义就越明晰。比如,在音位层除了一定的语音区分特征之外,谈不上什么意义;而在形位层,已经能察觉到意义的存在,但它还只是一种抽象的概念,并不具有真正称名功能上的意义。(王铭玉,2004:198)到了词位层,意义的抽象程度相对减弱,而具体性有所加强。因此,语言文化单位既可以有一项,也可以有多项文化伴随意义,且伴随意义的多寡在结构形态方面具有以下规律性特征:

词位层或句位层以词组形式出现的语言文化单位，具有多项文化伴随意义的情况较多，即具有文化多义性。例如彭文钊博士经过对语言文化单位"дом"（家）进行分析，得出它所指涉的俄罗斯文化内涵：（1）家庭生活的理想状态；（2）内外有别的形位准则；（3）热情好客的文化传统；（4）休戚与共的共同命运等（彭文钊，2002：267—268）。

而介于词位层与句位层之间，以成语、谚语（俗语）、名言警句、套话、口头禅等形式出现的具有结构相对固定性和意义完整性的语言文化单位，往往只有一项文化伴随意义，即文化单义性，因此通常只作为语言文化场的构成单位，而不充当场名。

2.3 语言文化单位的语义系统

2.3.1 沃罗比约夫对语言文化单位语义结构的界定

沃罗比约夫将语言文化单位定义为"符号、意义与其所指文化客体物的类别概念的统一体"（В. В. Воробьев，1991）。该定义鲜明地体现了他对语义结构的认识：继承了语言国情学将语言外因素纳入语义结构的观点，主张将语言意义和非语言含义的分析统一起来，在语义上形成一体化的系统描写，从而致力于在一定的语言社团内部通过篇章分析揭示和解释语言社团共同的"理解、思维和话语方式"。在阐述语言文化单位的语义结构时，沃罗比约夫参照符号学的研究成果，从语构（синтактика）、语义（семантика）、语用（прагматика）和语指（сигматика）4个角度对语言文化单位进行综合分析，并最终将意义和概念（понятие）统称为语言文化学含义（лингвокультурологический смысл），如下图所示（Воробьев，1997：44）：

第二章 语言文化单位的语言层描写与阐释

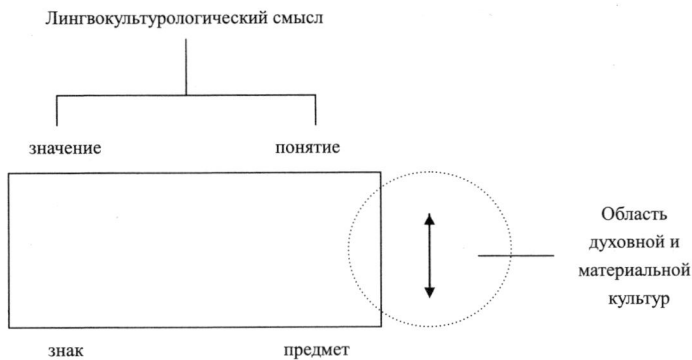

图 2-2 语言文化单位的语义结构

和语言国情学对词义结构概念意义 / 非概念意义（词汇背景）的区分相比，语言文化含义的特殊性在于：除了语言单位的符号和意义外，引入了文化概念成分，使人们的认识进入了物质文化和精神文化层面。因此，沃罗比约夫提出的"概念"实质上是民族文化语义形成的基础，是充当"词汇背景"的语言外知识（文化背景知识）。"概念"的提出虽然突出了语言外知识的重要性，暂时解决了语言内和语言外的语义构成在语言文化单位中的层次问题，但却忽略了文化含义的构成问题：并非所有的文化含义都能用所谓概念来涵盖的。（彭文钊等，2006：69）因此，语言文化学含义的概念还有待进一步商榷和完善。本研究拟在2.3.2 节中参照吴国华教授基于二级符号系统的文化伴随意义理论和词汇修辞学的理论对语言文化单位进行系统性的语义分析。

2.3.2　语言文化单位的语义系统

2.3.2.1　基于二级符号系统的语义结构

在俄语语言文化学领域，吴国华教授基于二级符号系统构建了如下语义结构：

表 2-3　基于二级符号系统的语义结构（吴国华，2000：97）

第一层级	理性意义		
	内部形式意义		
第二层级	伴随意义	文化伴随意义	
		修辞伴随意义	情感意义
			评价意义
			语体意义
	搭配意义	跨语言搭配意义	
		文化搭配意义	

上表中，吴国华教授将词义分为理性意义和非理性意义两个层次，每一层次再加以细分，意义层次分明，概念清楚。其可贵之处在于突出了民族文化义素（национально-культурный компонент）的合理存在。如果说一级符号系统中语言的民族文化特点主要体现在词的理据（мотивированность）方面的话，那么，在二级符号系统中词义的民族性首先表现在各民族都有自己与其他民族不同的生活、习俗和心理状况。一方面，不同的民族在概括相互对应的两个词时所概括进去的具体内容往往因民族而异；另一方面，在二级符号系统中，所指和能指的关系在很大程度上取决于民族的宗教信仰、审美和价值观等因素，反映了语言使用者对词的所指对象的心理印象。（吴国华，1997：98—99）

吴国华教授将非理性意义中的伴随意义定义为"文化联想意义"，并划分为文化伴随意义和修辞伴随意义两种。其中，文化伴随意义定义为"在一定的民族文化域的特殊的文化历史联想"；能引起本民族成员特定的情感联想和价值判断；而修辞伴随意义则按照资源修辞学的传统分类分为情感意义、评价意义和语体意义三种。鉴于本章以语言文化单位为研究对象，研究其作为修辞资源的特殊性，其文化伴随意义和修辞伴随意义的生成与相互关系具有一定的必要性。

需要指出的是，现代修辞学的一个重要贡献就是加强了对"中态"语言单位的研究，将"中性"归入修辞意义，认为一切语言单位都可以充当修辞资源，具有修辞意义。吴国华教授所说的"修辞伴随意义"是呈现"显性"的修辞意义。因此，为了与之区分，本研究将语言结构中修辞伴随意义调整为"修辞意义"。不过，修辞意义在本质上仍然是一种伴随意义。

2.3.2.1.1 文化伴随意义

从生成角度看，文化伴随意义的生成过程即是语言符号的二次称名过程。新修辞学认为，修辞的本质是认知，是一种了解事物的方式。从这个意义上讲，文化伴随意义的生成过程即二次称名过程具有修辞性，体现了修辞的认知性和认知原则。该过程隐含了指称过程、称名过程中客体认知的典型形象和知识表征的种种印记，带有鲜明的民族文化特征。例如俄罗斯人用"шляпа"（帽子）喻指"萎靡不振、无能的人"，而在汉语中，"帽子"这个词无论怎样都也不会引起上述同样的联想；对于"желчь"（胆）这个词，俄汉语中同样可以表人的心理状态，但所指却有所不同。俄语"подавить желчь"（压住恼怒）指的是愤怒的情感，而汉语"胆裂魂飞"指的是恐惧、害怕的情感；

俄语中的"грибы после дождя"（雨后蘑菇）用于比喻大量出现的新生事物，汉语中则使用"雨后春笋"来表达相同意义；俄语中的"Что город, то норов, что деревня, то обычай"（每一个城市有方言，每一个农村有风俗）与汉语中的"百里不同风，千里不同俗"尽管使用的词语不同，但俄语中的"город"（城市）和"деревня"（农村）与汉语中的"千里"和"百里"同属空间的概念，表达的意义是相同的。在此，这些语言文化单位本身就通过修辞认知而取得成果，不同的概念投射角度反映了不同的认知取向。语言文化单位生成的模式既是修辞过程，又是认知过程。吴国华教授认为，民族文化伴随意义的生成主要有隐喻（метафора）和换喻（метонимия）两种手段。

  对隐喻、换喻的研究由来已久。早在古希腊时代，亚里士多德在其传世经典《修辞学》中已有精辟的论述。之后很长时间以来，学术界一直把隐喻和换喻视作修辞方式、辞格，其实这只是把隐喻和换喻表象化了，方便了形式研究。辞格本身就是一种思维定势，是久而久之、人人皆知的习惯，这本身就证明隐喻和换喻是一种思维方式，它的可感知部分就是作为辞格的隐喻和换喻，而其内在运作机制就是思维的运作方式。近些年来，随着语言学的发展和新学科、新理论的不断出现，人们已不仅仅从修辞学的角度，而是推广至逻辑学、心理学、哲学和符号学等学科中对隐喻进行更深层次的探讨，以揭示这一现象内部所反映的某些人类思维、心理方面的共通性规律，及其与不同文化背景的联系。现代认知语言学认为，隐喻和换喻的主要特征是人本主义原则，是一个通过联想赋予新事物概念的心理过程，是人类认识客观现实的认知过程。不同民族语言中的隐喻和换喻由于发生相似和相关联想的依据如时空、地域、自然环境、文化传统等诸因素的差异而各有特色。也就是说，文化是隐喻和换喻中两个所指的联结纽带。特定的民族文化背景是决定隐喻和换喻产生、使用和理解的重要因素之一，同时，隐喻和换喻转义从一个侧面反映了人们对民族文化的应用和理解。（吴国华，2000：104—107）

吴国华教授将各类语义引申用术语"метафоричность"来统一，并从语言的文化功能角度将其分为两大类：语言引申（языковой метафорический перенос — ЯМП）和非语言引申（внеязыковой метафорический перенос — ВМП）。前者指受语言内部关系制约（如构词引申等）的、反映语言本身特点的引申变义类别，例如 Пушкин（普希金／普希金作品），стекло（玻璃／玻璃器皿）等。后者指受民族历史、宗教、民俗、日常生活、地理条件制约的同时又能反映该民族对物的审美、价值观的引申义，例如 пень（木疙瘩／愚蠢、没有感情的人），вобла（一种海鱼／又瘦又坏的女人）等。非语言引申是一种极为广泛的语义扩展，它以意义的某种相似（或联想）为基础，把词用于不同类型的语境，指称不同类型的特征。（吴国华，2000：107）由此，语言文化单位民族文化伴随意义的生成途径可以界定为非语言引申。

综上所述，文化伴随意义的生成是修辞过程，主要途径是非语言引申性质的隐喻和转喻。同时，二次称名表达了作者或说话人的意向和情感评价，由此对语言文化单位的第二种伴随意义即修辞伴随意义有着一定的因果制约作用。也就是说，修辞伴随意义的形成在一定程度上是受到文化背景制约的。例如 Манилов（маниловщина）（果戈理小说《死魂灵》的主人公之一，爱幻想、好说空话、多愁善感、粗心大意的人），Плюшкин (плюшкинство)（果戈理小说《死魂灵》的主人公之一，无情的超级吝啬鬼）等语言文化单位的贬义色彩受到果戈理的小说作为文化背景的限制。

2.3.2.1.2 修辞意义

修辞意义又可以称作情态意义，主要体现在把语言变成言语的选择与组合之中，表达修辞施动者对人或物的反映及评价。巴赫金在《言语体裁问题》中提出，决定表述的布局和风格（语体）的第二个因素是情态因素，亦即说话者对自己表述的指物意义内容所持的主观的情感评价态度。在言语交际的不同领域中，情态因素具有不同的意义和不同的力度，但它无处不在，因为绝对中立的表述是不存在的。说话者对自己言语的对象所持的评价态度决定着话语的词汇、语法和布局手段的选择，话语的个人风格主要是由它的情态方面决定的。（辛斌，2002）"把情感表现力理解为言语的表现力这已达成共识。言语表现力则是为了表达意义内容及情感内容而使用最好的言语手段所获得的效果。"（Брызгунов，1994）甚至在很多场合，由于交际者的意图，修辞意义可以作为核心意义而凌驾于词汇理性意义之上。

所有的语言手段，无一例外都具有修辞意义。就词汇层而言，可根据有无修辞色彩的标准将俄语词汇划分为两大词层：（1）不带有修辞色彩的词，即在修辞上呈现中态的词（стилистически нейтральные слова），指除了概念语义外没有附加修辞色彩的词，可通用于各交际领域，例如квартира（住房）、стол（桌子）、голова（头）、окно（窗户）、красный（红色的)、светлый (明亮的)、летний (夏天的)、один (一)、тот (那个)、писать (写)、бежать (跑)、рядом (在……旁边)、легко (轻易地)、лампа (灯) 等词。俄语中大多数词都属于中态词，可以说，中态词是现代俄语词汇中数量最多的一个词层。(2) 带有修辞色彩的词 (стилистически окрашенные слова)。词的修辞色彩包括两个含义：a. 词的情感表现力色彩 (эмоционально-экспрессивная окраска слова)，即词在称谓事物、现象时所附加 (伴随) 的鲜明性和形象性，以及该词所表示的说话人对事物、现象的爱憎、褒贬态度等。b. 词的语体色彩 (стилевая принадлежность слова)，即表示词属于或经常用于某一语体。按照词汇不同的情感表现力色彩和语体色彩进行分类，有助于在交际过程中正确理解、领会和选用合适的词来表情达意，并力求取得准确有力、形象生动、褒贬分明、雅俗相宜的效果。需要指出的是，对应不同的修辞色彩含义时，可将俄语词汇划分为不同的词层：对应情感表现力色彩时，词汇可划分为中立词层 (нейтральная лексика) 和表情词层 (лексика с эмоционально-экспрессивной окраской)。其中表情词层既可按照褒贬色彩分为褒义词 (эмоционально положительные слова) 和贬义词 (эмоционально отрицательные слова) 两类，又可按照俄语词汇的表现力色彩划分为六类：庄严词 (торжественные слова)、亲昵词 (ласкательные слова)、狎昵词 (фамильярные слова)、诙谐词 (шутливые слова)、否定词 (неодобрительные слова)、粗野词 (вульгарные слова) 等。如下图所示：

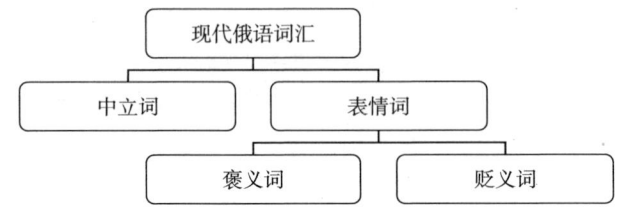

图 2-3 词汇的感情意义

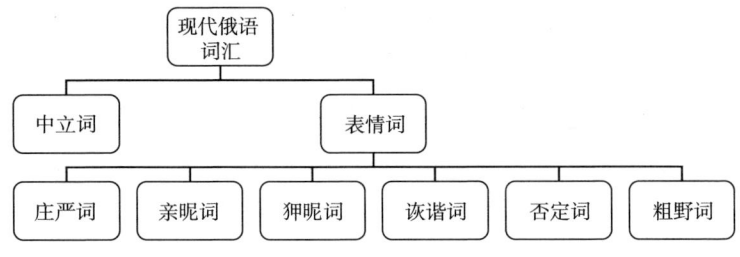

图 2-4 词汇的表现力色彩

而对应语体色彩时，词汇可划分为通用词层（общеупотребительная лексика）和专用词层（стилистически ограниченная лексика）。其中专用词层又可分为两类：一类是口语词（разговорно-бытовая лексика），另一类是文语词（литературно-книжная лексика）。其中，口语词包括谈话词（разговорная лексика）和俗语词（просторечная лексика）；文语词包括政论词（общественно-публицистическая лексика）、公文词（официально-деловая лексика）、科技词（научно-техническая лексика）和诗歌词（поэтическая лексика）。如下图所示：

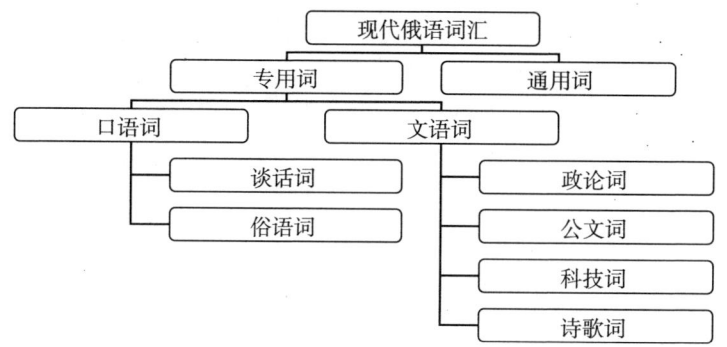

图 2-5 词汇的语体意义

2.3.2.2 语言文化单位的语义结构系统

根据本章 2.2.2.2，语言文化单位在形态上体现为词位层到超句位层的完整链条。2.3.2.1 中论述的语义结构是以词为单位进行建构的，它是否也适合其他形态层次的语言文化单位呢？诚然，对于一般的语言单位来讲，句位层和超句位层的语义非常复杂，需要另行分析。与其相比，语言文化单位具有结构相对固定性和意义整体性的特征，在修辞活动中通常和词一样，被作为整体单位使用和理解。因此，本研究认为，章节 2.3.2.1 中对词义的论述适用于各个形态层次的语言文化单位。参照吴国华教授建构的语义系统，本研究构建了语言文化单位的语义系统（见下表）：

表 2-4 语言文化单位的语义系统

第一层级 （表层）	理性意义
	内部形式意义

（续表）

第二层级（深层）	伴随意义	修辞意义	文化伴随意义			
			情感意义	中性		
				褒义		
				贬义		
			表现力意义	中性		
				庄严		
				亲昵		
				狎昵		
				诙谐		
				否定		
				粗野		
			语体意义	通用		
				专用	口语	谈话
						俗语
					文语	政论
						公文
						科技
						诗歌
	搭配意义	跨语言搭配意义				
		文化搭配意义				

  伴随性意义实质上是一种联想意义。这种联想意义大都受到民族文化即历史传统、风俗习惯、价值判断、道德规范、审美取向等因素的制约，并作为一个民族的认识成果固定在语义结构当中，因此具有很强的稳定性和原型性特征。文化伴随意义和修辞意义既相互独立，又相互联系。由于文化伴随意义能引起本民族

成员特定的情感联想和价值判断,对修辞意义有着一定的因果制约关系。因此,修辞具有文化属性,它驾驭的是作为文化载体的语言,体现的是反映文化特征的言语,凸显的是通过语言文化单位所生成的民族文化架构下的文化价值指向和民族心理指向。

语言单位是一种聚合的存在:或以功能为聚合纽带,或以形式为聚合条件,或以类型、关系等为聚合纽带,而修辞本身就是从同义的聚合体中选择出符合语境和题旨的词汇单位(包括语言文化单位),再把它投向组合轴用以交际。语言文化单位则因其内容丰富,反映民族心理而屡屡被选中。

2.4 语言文化场和民族文化同义序列

2.4.1 民族个性的研究方法:语言文化场

沃罗比约夫借鉴了德国语言学家特立尔(Trier)和魏斯格贝尔(Weisgerber)的语义场理论,提出了"语言文化场"的概念,以便为俄罗斯民族个性的研究提供一个具有可操作性的平台。语言文化场由语言文化单位构成,是"具有共同不变意义的语言文化单位的集合"(Воробьев,1997:65)。如果说"共同不变意义"是语言文化场的内涵,那么具有同类内涵特征的符号(名)- 概念(或客体物)就是它的外延。

2.4.1.1 语言文化场的建构

语言文化场是一个层级系统,由内核(ядро)、中心结构(центр)和边缘结构(периферия)等3个层级构成。(Воробьев,1997:65-67)特定的语言文化场的结构取决于其基本单位之间的相互联系和作用关系。

(1) 内核，即场名，由词位－概念或词位－概念的组合对场进行命名，表达某种恒定的语言文化学涵义，是这一语言文化场所有单位共同具有的语义核心特征，对场内基本单位具有最大的包容性和概括性。例如：沃罗比约夫对语言文化场——俄罗斯民族个性（русская национальная личность）——做出研究，并将该场名下语言文化场的文化价值系统实行如下分类：宗教性（религиозность）、追求最高经验形式（стремление к высшим формам опыта）、世界关怀（всемирная отзывчивость）、心灵宽广和超时间性（широта души и вневременность）、团契精神（соборность）和极性化（поляризованность）。各类别的名称又可以作为一级场名，构建语言文化场，进行更加细化的研究。如我国学者彭文钊就以"团契精神"（соборность）为场名，构建了相应的语言文化场，并对其进行了系统分析；马瑞明以"俄罗斯冬天"（русская зима）为场名进行了语言文化学分析。

(2) 中心结构，即场内具有主导地位的基本单位的集合，表达该语言文化场基本的概念、现实及其同义、反义等相互关系。其包括：a. 表达非特指语义的名词及形容词，用以表示场名内涵所及外延的适用范围，作为一种泛指并不具有特定的语义指向；b. 表达特指语义的词及词组，揭示作为俄罗斯民族物质与精神价值取向总和的民族个性系统的基本特征及其各个方面的独特性。（转引自彭文钊等，2006：65）

(3) 边缘结构，即此语言文化场与彼语言文化场相邻、相交的部分。

同一场名内的语言文化单位之间存在紧密的作用关系，构成一个有机的整体，从而使语言文化场成为一种系统、综合的研究方法。沃罗比约夫将这种作用关系，即语言文化场的构建途径分为三种：（1）范畴关系（категориальные отношения）；（2）语言文化单位的聚合关系（парадигматика лингвоукультурем）；（3）语言文化单位的组合关系（синтагматика лингвокультурем）。

2.4.1.2 语言文化场的开放性

需要指出的是，从历时层面看，语言文化场和词汇体系一样，是一个开放的、动态的系统，随着社会文化各个领域的变化可能被扩充或缩减。根据词汇学的研究成果，在社会外部原因和语言内部原因的共同作用下，语言词汇处于不断的发展变化之中，新词的不断涌现伴随着旧词的逐渐消亡，这是词汇体系发展、完善进程的两个不同方面，是始终进行着的两个过程。从词汇发展的角度，词汇学将俄语词汇分为旧词（устаревшие слова）、现代词（современная лексика）和新词（неологизм）3个词层。现代社会政治因素对俄语词汇的社会评价的影响体现在旧词层、现代词层和新词层上：

旧词层：一是旧词的"复活"，例如许多中学自称为гимназия 或 лицей（贵族学校），以标榜有良好的教育传统和教学质量；二是大批苏联时期的政治词语被淘汰，成为旧词，为俄语词汇的旧词层增添了许多新的内容，例如Советский Союз（苏联）、СССР（苏维埃社会主义共和国联盟）等。

现代词层：俄语现代词层的演变分为现代词变旧词，现代词词义的扩大和缩小，以及现代词各修辞层之间的相互渗透等3个方面。

新词层：(1) 利用俄语构词法构成各种新词，更新语义；(2) 采用旧有词汇语义延伸的办法更新语义，产生新词；(3) 从世界上其他语言中借用词汇单位，这首先是指从英语中借用。一种语言的表达手段毕竟是有限的，允许外来语和本族语共存，有利于本族语扩大表达范围，增强表达能力。掌握了一门外语，就是获取了一种观察世界的新途径。

参照词汇学的分类，可将语言文化单位相应划分为旧层、现代层和新层。现代层主要体现语言文化单位的突破和演变，语言文化场的扩充主要体现在旧层和新层，例如价值观念的回归造成一些曾经退出交际的消极语言手段的再次复活，只要它们的积极运用带有一定的伴随意义和情感评价，也可能成为语言文化单位。例如一些与资本主义密切相关，在十月革命后随着资本主义制度的消亡而被加上了消极的、反面的、"贬抑"色彩的词语，而苏联解体后，由于实行资本主义、推行市场经济、人们价值观念改变，这些词便成了"修辞中性词"，甚至成为人们的追求，从而变成了时髦字眼。例如 гимназия（贵族学校）、губернатор（州长）等。此外，通过新词层和新的熟语层可能产生新的语言文化单位。例如 Восьмёрка 反映了 1991 年 8 月 19—21 日事件：当时，由八人领导的小组（八人帮）组成紧急状态委员会，发动了政变。Чернобыль 反映了 1986 年 4 月 26 日在切尔诺贝利核电站发生的震惊世界的爆炸事件，喻指特大灾难。Чернобылец 一词有两个含义：一是遭受切尔诺贝利爆炸事件的受害者，二是指参加清理核爆炸事故后果的人等。

语言文化场的缩减途径在于有的语言文化单位逐渐退出交际，不再使用。例如，苏维埃政权时期被奉为不二信条的口号：

Победа коммунизма неизбежна!（共产主义必胜）。政治术语：демократический централизм（民主集中制）、ленинский стиль руководства（列宁领导方式）；各州（область）、边区（край）、市、区级政府称为 исполнительный комитет（执行委员会），简称 исполком（执委会），其首脑称 председатель исполкома（执委会主席），如 областной、городской、районный исполнительный комитет 等分别是 облисполком（州执委会）、горисполком（市执委会）、райисполком（区执委会）的简称。这些语言单位在苏联解体后逐渐退出了历史舞台。即使被启用，也只是利用它为人熟知的特征吸引人的注意，在可辨认的范围内进行重构，表示嘲讽或戏谑。

2.4.2 民族文化同义序列

众所周知，客体的多元化和可选择性是修辞的必要前提，同义现象是修辞学研究的中心课题之一。语言单位是一种聚合的存在：或以功能为聚合纽带，或以形式为聚合条件，或以类型、关系等为聚合纽带，而修辞本身就是一个从聚合体中选择单位的运作。

语言文化场理论延续了语义场的构建原则和描写方法，即从聚合方向（парадигматическое направление）和组合方向（синтагматическое направление）对同一场名下的语言文化单位进行系统描写。如此，为在同一主题（场名）下对不同语言单位进行互文-对话式的语义描写和文化阐释提供了平台。受语言文化场的启发，我们设想，可以从同一场名内提取涉及各个形态层次的民族文化同义手段，构成民族文化同义序列，即修辞聚合体。

  吴国华教授在其《文化语义学》一书中提出了民族文化同义词（национально ориентированные синонимы）的概念，并将其界定为"概念意义不同的词，但却具有相同或相似的文化伴随意义"（吴国华，2000：125）。根据研究对象的不同，他将民族文化同义词分为两类：（1）跨语言民族文化同义词，指的是两种或两种以上语言中文化附加意义（伴随意义）相同或相似、功能上可以替换的一组词。例如，汉语中的"鸽子"和俄语中的"голубь"都带有"和平、爱好和平"的文化伴随意义，汉语中的"变色龙"和俄语中的"хамельон"都带有"见风使舵的人"的文化伴随意义，这些词的概念意义和文化伴随意义都基本相同；汉语中的"竹笋"和俄语中的"грибы"都带有"新生的、迅速发展的事物"的文化伴随意义，汉语中的"虎"和俄语中的"лев"都带有"凶猛的人、兽中之王"的文化伴随意义，这些词虽然概念意义不同，但文化伴随意义相同，在翻译中可以进行灵活处理。（2）语言内部民族文化同义词，指的是同一语言中基本语义不同，但文化伴随意义相同的词语。例如，俄语词гвоздика（石竹花）、тюльпан（郁金香）和красные маки（红罂粟花）三词分别指称不同的事物，概念意义迥异，但由于事物的"红色"特征（联想中介），俄罗斯文化赋予这三个词相同的文化伴随意义，意指对"烈士的深切怀念"，这三个词就构成了民族文化同义词。（参见吴国华，2000：124—129）吴国华教授的定义突破了传统意义上同义词基本局限于概念意义的框架，将文化伴随意义放在同义词形成基础的重要地位，在理论上对词汇学、语言文化学以及修辞学，在实践上对词典编撰、文学翻译、

第二章 语言文化单位的语言层描写与阐释

机器翻译和外语教学都具有重要的指导意义。

借鉴吴国华教授的定义，本研究将同一语言文化场内"文化伴随意义相同或相似，在功能上可以替换"的语言文化单位，界定为民族文化同义手段。借助沃罗比约夫的理论体系，对语言文化单位进行主题式归纳描写，建立相应的语言文化场，既可以尽可能穷尽一种语言中的民族文化同义手段，归纳该主题下的民族价值观，补充对修辞资源的同义研究；也可以对比两种或两种以上语言中同主题下的民族文化同义手段，增进民族间的了解和交流，辅助于翻译实践。而且，习得目标语的语言文化单位有助于突破传统语义教学模式，使外语学习者从文化和思维的层次掌握目标语言，因此对其进行系统描写也有利于外语教学的开展。

同一主题（场名）下的语言文化单位相互构成民族文化同义表达手段，由于位于语言的不同层次而在表现民族文化信息丰富程度和修辞意义上有所区别，从而构成了民族文化同义序列（национально ориентированный синонимический ряд）。参照词汇学对同义词的研究，每个同义词列中都有一个最能突出代表共同意义，在修辞色彩上呈中性，且最常用的代表词。这个词被称作同义词列的轴心词（стержневое слово синонимического ряда），也叫同义主导词（доминанта）。例如下列同义词列中黑体词为轴心词：**мокрый** — влажный — сырой（潮湿的），**бояться** — страшиться — ужасаться — трусить（害怕）等。相应地，民族文化同义序列中也存在一个不具有文化伴随意义的中性主导单位。例如 **бездействовать** — бить баклуши — валять дурака — лодыря гонять — считать ворон — пень колотить 〈да〉 день проводить（无所事事）；**обманывать** — втирать

101

очки — морочить голову — заговаривать зубы — вилять хвостом — играть в кошки-мышки（欺骗）等。

借鉴语言文化学的实践研究成果，并对同一主题下语言文化单位进行尽可能穷尽式归纳。如此，可以建立一系列民族文化同义序列，甚至是民族文化同义手段的语料库，以供外语学习者进行习得掌握，促进民族间的交流合作（这也是修辞学研究的目的之一）；也可以对两种或多种语言中的民族文化同义序列进行对比，以便更好地服务于外语教学和翻译实践。

2.5 语言文化单位的特征

根据语言文化单位的定义，可以得出，语言文化单位是根据"文化伴随意义"而归纳为同类的语言单位。语言文化单位中凝结了非个体的、所有社会成员都清楚明白的定型化经验，可以引发特定的民族情感和价值判断。那么，它由此衍生了哪些特征呢？从概念出发，语言文化单位作为语言文化场的组成元素，无疑具有场性特征；从修辞学角度出发，语言文化单位作为修辞资源又具有特定的修辞特征，在言语中使用时可供参照，以达到交际实效。

2.5.1 语言文化单位的场性特征

根据沃罗比约夫的观点，语言文化单位是一种跨层级的综合性单位，是语言内与语言外内容（概念的和事物的）的辩证综合体。它建立在语言结构及其语义结构和民族思维、认知结构具有相关性，甚至同构性的假说上。（彭文钊，2004）语言文化单位的层级结构构成了语言文化场。沃罗比约夫在分析俄罗斯思想科学－文化和宗教哲学流派代表人物索洛维约夫（В. С. Соловьев）、别尔嘉耶夫（Н. А. Бердяев）、布尔加科夫（С. Н. Булгаков）等人有关俄罗斯民族性与民族典范的代表性观点后，归纳出俄罗斯民族个性系统的最重要概念，即религиозность（православие，宗教性）、соборность（团契精神）、всемирная отзывчивость（世界使命意识）、стремление к высшим формам опыта（追求最高经验形式）、поляризованность（极性化）等。（Воробьев，1997: 101）那么，作为语言文化场的组成元素，语言文化单位具有哪些特征呢？

我们认为，语言文化单位首先具有表示所属的场的共同的意义，如квас（克瓦斯）、медовуха（蜜酒）、блины（馅饼）、щи（菜汤）、камаринская（俄罗斯民间的喀马林舞）等都具有русский（俄罗斯的）这一共同意义；其次，概念关系同类的语言文化单位可结合在一起形成最基础的小场，以组成一个相关各场的复杂的等级系统，如"московские калачи"（莫斯科面包）、"тульские пряники"（图拉蜜糖饼干）、"русские блины"（俄罗斯馅饼）、"щи да каша — наша пища"（汤和粥是我们的食物）、"Где щи, тут и нас ищи"（哪里有汤，哪里就有我们）都属于"русская кухня"（俄罗斯饮食）的基本单位，而"русская кухня"又属于语言文化场"хлебосольство"（好客）的子场。如此体现了语言文化单位对语言文化场的构建。

那么，突破语言文化场的界限，语言文化单位还具有哪些特征呢？本研究将在2.5.2中对其做出分析。

2.5.2 语言文化单位的修辞特征

本研究认为,语言文化单位作为修辞资源,主要具有以下几项特征:

(1) 语言文化单位作为语言单位的一种,具有所有语言单位的共性特征:超个性和认知性。超个性指语言文化单位为语言共同体成员的绝大多数成员普遍了解和认同,反映共同体独特的共性特点;认知性是语言文化单位被理解的必要条件,每个语言文化单位背后都蕴藏着某种事实,既可以是现实中存在的,也可以是不存在的事物。语言文化单位通常作为现成的单位被整体式认知,这在一定程度上节省了人们理解复杂社会现象的精力和时间,减轻了人的认知和理解负担,符合语言的经济原则。例如:

… как будто забрел с небес **Дон Кихот**. (Знамя, 2009)
译文:……像是<u>堂吉诃德</u>从天而降。

此处用"Дон Кихот"(堂吉诃德)指代英勇无私、偶尔为正义而战的天真斗士。

Мы одного поля ягоды, не так ли? (Звезда, 2010)
译文:我们是<u>一丘之貉</u>,不是么?

(2) 语言文化单位具有结构相对固定性。结构固定性是语言文化单位,尤其是句位层语言文化单位的基本特征,通常情况下不可随意更改。例如 бить баклуши(无所事事),пропасть, как швед под Полтавой(像瑞典人在波尔塔瓦城下一样消失了/完全不知下落),ни пуха ни пера(祝你一路顺风,满载而归)等语言文化单位。受动者对语言文化单位进行解读时，往往跳过其字面概念意义，直接提取其文化伴随意义和修辞伴随意义。可以说，语言文化单位虽然在形态上体现为词位到超句位的完整链条，但却像"单个词"一样被整体性地认知和使用。但此固定性并不是一成不变的，言语交际中有时会在不影响理解的前提下进行灵活改动，使话语更加形象生动，别开生面。例如：

Но больше ни слова. **Иностранная душа — потемки.** (Марина Баконина, 2000)

译文：不多说了，外国人人心难测。

Не откладывай на завтра то, что можно сделать послезавтра, как шутит муж. (Волга, 2011)

译文：正如丈夫的玩笑话，不要把后天的事推到明天。

上述例句对语言文化单位"Чужая душа — потемки.（人心隔肚皮）"和"Не откладывай на завтра то, что можно сделать сегодня.（今日事，今日毕）"进行了灵活运用。

（3）语言文化单位具有（民族文化）语义定型性：语言文化单位能够引发特定的民族情感和价值评价，即具有特定的联想意义。例如，"прометеев огонь"的联想意义是"崇高的追求"；"ни слуху ни духу"的联想意义是"没有任何消息"；"Сильна божья рука, божья рука — владыка"（上帝之手力大无比，上帝主宰天地），"Тот не унывает, кто на Бога уповает"（对上帝满怀期望，就不会忧郁悲伤），是崇奉宇宙万物的创造者和主宰者，表现上帝万能等。当然，如果语言文化单位具有不止一项民族文化语义，则需要根据具体的语境进行理解，例如"Великая отечественная война"（伟大的卫国战争）会令俄罗斯人联想到"胜利、痛苦、鲜血、死亡、功勋、不幸、战斗、历史、英雄、残酷、牺牲、和平"等多项意义。

（4）语言文化单位具有情感评价性：包括情感色彩、评价色彩和表现力色彩。语言文化单位在映射民族个性的同时，不同程度地渗透着一定的情感色彩和表现力，例如"Кощей"（骨瘦如柴，非常凶狠的老头）、"Иуда"（犹大，叛徒）具有贬抑的评价色彩；"тяжелая артиллерия"（动作非常迟钝的人，笨重的东西）、"важная птица"（大人物）等具有讥讽的情感色彩；"собаку съел"（很有经验，很内行）、"буря в стакане воды"（杯水风浪）等具有较强的表现力；等等。这些情感评价意义体现为伴随意，表现出民族共有的主观评价及心理态度等。

综上所述，从特征上可将语言文化单位界定为"具有相对固定结构、定型化民族语义、能够引发特定民族情感和价值评价的修辞资源"。

2.6 本章小结

通过对语言文化单位进行形态、语义和特征的系统考察，本研究得出：语言文化单位在形态上体现为从词位到超句位的完整链条；在语义上可根据二级符号系统进行构建，其中文化伴随意义的产生途径主要有隐喻和换喻，即非语言引申；语言文化场对修辞学同义研究具有启发意义，即建立民族文化同义序列；语言文化单位与民族文化同义序列的中性主导词相比，后者在修辞运作时以情态和语义为基础，而语言文化单位则彰显的是民族文化特征以及与之相应的各种情态指向,在此重要的不是理性意义,而是文化及其文化基础上的情态与评价,文化所指和文化能指的统一体。语言文化单位作为修辞资源,具有超个性、认知性、结构相对固定性、(民族文化)语义定型性和情感评价性等特征,即语言文化单位是"具有相对固定结构、定型化民族语义、能够引发特定民族情感和价值评价的修辞资源"。

第三章 语言文化单位的言语层描写

3.0 引言

语言文化单位作为体现民族个性的主要语言手段,在言语活动中的运用十分活跃。作为修辞资源,它们在传播着特定民族价值观的同时也在传递一种信息:研究语言文化单位在修辞过程中的实际运用具有重要的现实意义。修辞学是研究如何使用修辞资源追求最佳交际实效的学科。在修辞实践中,语言文化单位是如何运用的?在促进文化认同实现的同时可能达到怎样的交际实效?这些问题成为本章研究的旨归所在。

3.1 语言文化单位和言语文化单位

根据索绪尔对语言和言语的层次划分,研究语言文化单位的使用,就必须从抽象概括的语言层进入可见事实的言语层。因此,与此相应,本研究将语言文化单位在言语层的体现称作言语文化单位(рече-культурема),如下表所示:

表 3–1 语言文化单位和言语文化单位

语言	言语
抽象概括层	可见事实层

（续表）

语言	言语
语言文化单位	言语文化单位

这里需要指出的是，言语文化单位（рече-культурема）这一术语只作为语言文化单位在言语层的对应术语中使用。

根据言语文化单位和语言文化单位之间在形态-语义上的对应关系，本研究将语言文化单位的使用分为常规使用和非常规使用两种。

其中，常规使用指的是言语文化单位和语言文化单位相比在形式和语义上都没有变化，即在适当的语境中使用形态-语义统一体的情况，例如：

(1)［语言文化单位］Хлестаков

［言语文化单位］**Хлестаковы** есть и теперь будут, может быть, всегда не в одном русском, но и во всем человеческом обществе, только в новой форме. (И. А. Гончаров. Воспоминания)

译文：<u>赫列斯塔科夫</u>之流现在有，也许将来也会有，不仅俄罗斯有，整个人类社会都会有，只是表现形式不同罢了。

(2)［语言文化单位］Дома и стены помогают.

［言语文化单位］Кормиться было уже не на что, стало скучно без дела, и он [Чикильдеев] решил, что, должно быть, надо ехать к себе домой, в деревню. Дома и хворать легче, и жить дешевле; и недаром говорится: **дома и стены помогают**. (А. П. Чехов. Мужики)

第三章 语言文化单位的言语层描写

译文：已经难以维持生计，再说没有事做实在无聊，于是他拿定主意不如回到乡下老家去。在家里不只养病方便些，生活费用也会省得多。难怪俗话说"<u>在家千日好，出门一时难</u>"呢。

非常规使用指的是言语文化单位和语言文化单位相比在形态或（和）语义上发生变异、转用和仿造，即修辞施动者根据对交际环境的认知，在可辨认的范围内相应地对语言文化单位进行调整的情况。例如：

（3）［语言文化单位］Куй железо, пока горячо.
译文：趁热打铁。

［言语文化单位］**Куй железо, пока его не украли**. (Татьяна Моспан. Подиум)
译文：<u>趁还没被偷走，赶紧打铁</u>。

（4）［语言文化单位］Меньше говори, больше делай.
译文：少说话，多做事。

［言语文化单位］**Дольше говори, меньше плати**. (КП2006，通讯公司广告)
译文：<u>通话更长，资费更低</u>。

无论是常规使用还是非常规使用，本研究将语言文化单位在言语层生成的相应单位统称为言语文化单位。下文将分别对这两种使用情况下产生的言语文化单位进行阐述。

3.2 语言文化单位的常规使用

语言文化单位在常规使用时，生成的言语文化单位与之相比形式和语义基本不发生改变。修辞学关注使用语言文化单位时产生的交际实效，即它在具体修辞实践中执行哪些功能。首先，语言文化单位作为语言系统的组成部分，和其他语言手段一样，具有交际功能（коммуникативная функция）和认知功能（когнитивная функция），对此本研究不再赘述。其次，语言文化单位蕴含充当"身份、角色、归属的认同标记"的民族文化含义，无疑具有文化认同功能（функция культурной идентификации）和文化传播功能（функция распространения культуры）。再次，鉴于语言文化单位的文化伴随意义能够引起特定的民族情感和价值评价，且对修辞伴随意义具有一定的衍生作用，可判定语言文化单位具有情感表现力功能（эмоционально-экспрессивная функция）；语言文化单位的超个性、结构相对固定性和意义整体性使其获得一定的社会权威性，在修辞实践中执行取信功能（персуазивная функция）。最后，语言文化单位作为民族文化同义序列的组成部分，在使用过程中可以替代中性主导单位使用，具有替代功能（функция замены）。下文将对语言文化单位区别于一般语言单位的文化认同功能、文化传播功能、情感表现力功能、取信功能和替代功能分别进行论述。

3.2.1 文化认同功能

新修辞学认为，修辞的关键词是认同，修辞具有认知性，人生活在语言构建的修辞环境内，修辞构建并摧毁人生活的周围环境，让人自觉不自觉地处于一种寻求认同的情境之中。语言文化单位作为体现"民族个性"的修辞资源，其中凝结的是非个体的、所有社会成员都清楚明白的定型化经验。其中蕴含的民族文化语义是身份、角色、归属的认同标记，能够引起本民族成员特定的情感联想和价值判断。如果遵循"对话性原则"，并在适当的语境内部加以运用语言文化单位，可使受话人形成规定的形象联想，产生情感评价，使对方感到"自己人化"，缩短与说话者的心理距离，从而促进修辞过程文化"认同"的实现，达到预期的修辞效果。因此，语言文化单位在修辞实践中是达到文化认同的重要手段。在修辞实践中，语言文化单位可以被本民族文化群体识别和理解，但相对于其他文化则具有异质性。因此，在同一语言共同体内，这种认同多数是在无意识的情况下实现的，例如在表示"增长得又快又多"时，适应森林文化并形成相应民族文化的俄罗斯人自然而然地用到"как грибы после дождя"，在听到这个表达时，也自然而然地明白它所表达的意义。而在跨文化交际中，使用本民族的语言文化单位，则可能对对方造成困扰，例如：

（5）Я ей потом занесла кусочек тортика. Так и сидели без криков "**Горько!**". Потому что жених наш оказался не местный. (Андрей Геласимов. Чужая бабушка)

译文：我后来给她拿了块儿蛋糕。就那么坐着，没有人喊"<u>苦啊！</u>"，因为新郎不是本地人。

上述例句对俄罗斯读者来说很好理解：在婚宴高潮，即交换结婚戒指和接吻时,来宾们喊"горько"(苦啊)、要求新婚夫妇接吻是俄罗斯自古以来的习俗,意思是酒太苦了,不好喝,新人应该接吻,将它变甜。这也是反语相祝,祝愿新人婚后生活甜蜜幸福。而如果不了解此习俗,则会对"没有人喊'苦啊!',因为新郎不是本地人"这句话感到费解。

(6) Но мне проще — у меня Аленка очень хорошо учится (**тьфу-тьфу-тьфу**). [Наши дети. Дошколята и младшие школьники (форум) (2005)]

  译文:我就容易些——我的阿莲卡学习很好(呸呸呸)。

  在俄罗斯文化中,有一种迷信的说法,人们说到或听到"气色不错"或者"诸事如意"等赞美之词,担心魔鬼也听到了这些好话,会伤害人,所以就用手敲木制品(木桌子、木门等)三次,把头转向左肩,连续啐三口,以驱走邪恶和灾难,确保平安、健康和幸福。据《圣经》的传说,耶稣用唾沫抹在盲人的眼睛上,使他重见光明。古时的军人把唾沫抹在军刀上,使军刀锋利无比,所向披靡。这一切都是以迷信的说法为依据的:唾液能驱除人间的万恶,能驱邪避灾。如果对此语言文化单位没有了解,在遇到或读到"тьфу-тьфу-тьфу"(呸呸呸)时必然会感到费解。

  也就是说,如果修辞施动者掌握了语言文化单位系统,就可以避免交际活动中的文化障碍,有意识地实现文化认同和有效交际;甚至有意识地加以使用,以示友好,例如:

  (7) Это им предстоит воплощать в жизнь всё самое

прогрессивное и полезное для общества. И как говорят у вас в Китае, **новые люди приходят на смену старым подобно тому, как одна волна Янцзы набегает на другую**.

译文：正是他们将使用对社会最有益、最先进的科研成果。就像中国人所说："长江后浪推前浪，一代新人换旧人。"

（8）Собрание изречений «Луньюй» открывается его знаменитым афоризмом: **Учиться и повторять изученное – разве это не радостно**! Знаю, что в сегодняшнем Китае много делается для повышения доступности образования.

译文：《论语》的第一句话就是有名的"学而时习之，不亦说乎"。我们知道中国为使更多人受到教育所做出的努力。

上述例句（7）和例句（8）是俄罗斯前总统梅德韦杰夫2008年5月24日在北大做演讲的部分讲稿，其中引用了"长江后浪推前浪，一代新人换旧人"、"学而时习之，不亦说乎"等汉语的语言文化单位，不仅体现其对汉文化的兴趣和了解，更拉近了和听众的距离，博得阵阵掌声。

3.2.2 文化传播功能

从语言的产生和发展角度看，如果说最初人们是用语言来指称事物，语言与事物之间有直接的对应关系，那么到了后来，人们主要生活在语言之中，人们用语言来谈论语言，用语言来解释语言，正是因为运用语言，人们的道德观念才得以强化。（常昌富，1998：16）语言文化单位作为体现民族个性，具有文化伴随意义，旨在引起反应的权威性符号形式，在交际中与一般言语单位相比无疑在传播民族文化方面起到更加积极的作用。

举例说明，20世纪60—70年代，苏联文学作品的一些篇名和人物进入汉语，被大多数中国人所熟悉甚至推崇，甚至在今天依然被经常使用：苏联著名作家尼·阿·奥斯特洛夫斯基（Н. А. Островский）的作品《钢铁是怎样炼成的》（«Как закалялась сталь»）及其主人公保尔·柯察金（Павел Корчагин）。

（9）在中共安徽地方史上，曾涌现出无数功臣英模。其中有一位军工，身负100多次伤，手足伤残仍奋斗不息，被称为中国的"**保尔·柯察金**"。（安徽日报，2007-11-08）

再如：

（10）有人说，**幸福的家庭往往是相似的，而不幸的家庭各有各的不幸**。我宁愿相信，幸福家庭的存在是因为家庭中的利他性占了主导地位。这种利他不仅仅是物质上的，更多的是精神上的。（http://movie.douban.com/review/1498777/）

上句中，"幸福的家庭往往是相似的，而不幸的家庭各有各的不幸"（Все счастливые семьи похожи друг на друга, каждая несчастливая семья несчастлива по-своему）来自俄国大文豪列夫·托尔斯泰（Л. Толстой）的名著《安娜·卡列尼娜》（«Анна Каренина»），在中国得到了广泛的认同和使用。

（11）Боевое искусство **Шаолиньского монастыря** пользуется огромной популярностью среди россиян. (http://

russian.dbw.cn/system)

译文：少林寺的武术颇受俄罗斯人的欢迎。

上句中，少林寺（Шаолиньский монастырь）作为汉语中典型的语言文化单位，音译至俄语中，在俄罗斯得到广泛认可，并代表中国的武术文化。

（12）Надо зайти внутрь, приземлиться за столик, перекусить что-нибудь, уних есть «утка по-пекински» — пальчики оближешь. [Андрей Ростовский. Русский синдикат (2000)]

译文：应该走进去，坐下来，吃点东西，他们有"北京烤鸭"，美味极了。

上述例句中语言文化单位"утка по-пекински"（北京烤鸭）体现了我国饮食文化在俄罗斯的传播，带动了俄罗斯人对中国饮食文化的认可。

再如，从启蒙主义之后，西方科学文化的迅速发展带动了全世界文化的发展进程，逐渐成为世界的主导文化类型，并在民族对话过程中对其他民族产生重大影响。这种影响不仅体现在物质文化（科技和生活用品）上，如电脑、香水、咖啡等物品的迅速流行，还体现在精神文化上。上海社科院青少年研究所研究员董小苹认为：西方价值观正潜移默化地影响着中国青少年的价值取向和行为方式。（董小苹，2001）

3.2.3 情感表现力功能

语言文化单位的文化伴随意义的生成，体现为对客体的二次称名，带有鲜明的民族文化特征，表达了修辞施动者的意向和情感评价，并能够引发受动者特定的民族情感和价值评价。基于此，衍生了言语文化单位的第二个功能——情感表现力功能。

说话者使用语言文化单位来表达对讲话内容所具有的某种主观情感、态度等，并达到各种修辞效果。参照语言文化单位修辞伴随意义的层次分类，可以将情感表现力功能分为情感（эмоциональная функция）、评价（оценочная функция）和表现力（экспрессивная функция）三个层面。（参见 2.3.2 语言文化单位的语义系统）

情感功能是指言语文化单位表示修辞施动者对言语对象或褒或贬的评价态度。所有的语言文化单位都具有鲜明的、为绝大多数民族社会成员所认同的民族评价趋向及价值取向。例如：

（13）В этот тяжелый час актриса Захарова, вспомнив о своих дворянских корнях, **по-декабристски** мужественно дала согласие на переезд во Францию. (АиФ. 2000-09-13)

译文：在这个紧要关头，女演员扎哈洛娃想起自己的贵族血统，像十二月党人一样勇敢地同意搬往法国。

上句中讲述了一名俄罗斯女演员爱上一名在俄行医的法国牙医，后来她为了爱情放弃在国内的事业到法国定居。作者将她这一决定与十二月党人的妻子放弃安逸生活随夫流放相提并论，"по-декабристски"形象地表明了该演员"义无反顾"的态度，体现出作者赞赏和同情的态度。

（14）**Маниловы** же знают ответ только на вопрос что и

никак не могут согласовать три фактора вместе. (Известия. 2002-04-23)

译文：玛尼洛夫们只知道"是什么"，绝不会将三个因素协调起来。

上句中使用"Маниловы"来表示一些"懒惰、耽于幻想"的人，言简意赅，体现了作者贬抑的主观态度。

评价功能是指言语文化单位表示修辞施动者的情感和感受，如喜恶、亲昵、否定等。例如：

（15）...а что б он был добрый человек — не верно! Нет, Юрий Дмитрич, **как волка ни корми, а он все в лес глядит!** (М. Н. Загоскин. Юрий Милославский, или русские в 1612 году.)

译文：……要想让他成为善良的人——不可能！不，尤里·德米特里奇，不管你怎么喂养狼，它总是要逃到森林中去的！

上句讲述绝不相信某人会变成好人，用"как волка ни корми, а он все в лес глядит"来说明"江山易改，本性难移"，形象地表达了否定的评价意义。

（16）Спасибо, товарищ Севрюков, — сказал генерал, пожимая руку командиру роты.— С такими **орлами** и я **орел**! (Бек. Волоколамское шоссе)

译文："谢谢你，谢夫留科夫同志，"将军握着连长的手说，"和这些雄鹰在一起我也是雄鹰了。"

上句中，"орел"（鹰）在俄罗斯文化中指"гордый, храбрый, сильный, мужественный человек"（勇敢的人）。其不仅言简意赅，还生动形象地表达了肯定的评价意义。

表现力功能是指通过言语文化单位的形象特点、言语格调，达到含蓄、讽刺、嘲笑、幽默等修辞效果。语言文化单位在使用中体现说话人的交际意图，说话人的主观评价也潜移默化地体现在言语手段的选择中。较之中性表达手段，使用语言文化单位可能达到更加含蓄委婉、言简意赅、生动形象、幽默讽刺等修辞效果，例如：

（17）Только таилась, не показывала людям своих зубов... А как показала, сразу стало видно, что ты за красный **перец**! (П. Мирный. Гулящая)

译文：只是隐藏起来，不露出真面目……一会儿就明白你是个<u>红辣椒</u>！

上句中，用"перец"（辣椒）来形容泼妇，让人联想到辣椒的辛辣，达到生动形象、语义饱满的效果。

（18）...Она (Элиот) не только **на лету ловила** и угадывала мысли того лица, с которым говорила, но и словно подсказывала их ему. (С. В. Ковалевская. Автобиографические очерки)

译文：……她（艾莉奥特）不仅能<u>瞬间领悟</u>谈话对方的思想，而且还像在给他们暗中提示。

上句中，用"ловить на лету"喻指"快速领悟"，语句的形象性和表现力都得到了增强,也给读者造成显明的感官印象。

3.2.4 取信功能

语言文化单位具有相对固定的结构和整体性的意义,为其所属的文化-社会所共知,引发特定的情感和评价联想,并由此获得了一定的社会权威性。因此,在修辞实践中,施动者使用此类语言文化单位可增加自己话语的权威性,更容易获得听话者的认同和信服。此时,生成的言语文化单位执行取信功能。例如,在话语中使用名言警句等语言文化单位,可增强话语权威性,使评价更加具有说服力和影响力:

(19)«Как сказал император Александр III, **у России есть только два союзника — ее армия и флот. И мы должны постоянно заниматься их укреплением**», — сказал он «Интерфаксу». (http://actualcomment.ru)

译文:他对国际文传电讯社说:"正如沙皇亚历山大三世所说,俄罗斯只有两个盟友——陆军和海军。我们必须不断地使之强大。"

上句是俄罗斯前总统顾问、印古什共和国总统穆拉特·贾济科夫(Мурат Зязиков)在接受国际文传电讯社采访时,对总统候选人普京提出的强军计划所做出的评论,他引用了沙皇亚历山大三世的名言,增强了话语的说服力。

(20) Скептики интересуются: «Почему спортсмены крестятся, но все равно проигрывают?» Но ведь недаром говорят: "**На Бога надейся, а сам не плошай**". (Натали.

2008-11)

译文：怀疑主义者们想知道："为什么运动员们祷告了，却还是会输呢？"要知道有句话是这么说的："既要指望上帝，自己也别大意。"

上句中引用语言文化单位"На Бога надейся, а сам не плошай"，不仅使文章的话语富有文采，使读者更有兴趣，增加文章的自身价值，同时也使语言更有说服力、权威性。

（21）Спорт — лучшее лекарство от депрессий! **В здоровом теле — здоровый дух!** [Депресняк.Депресуха и просто депрессия (форум) (2006-2007)]

译文：运动是治疗忧郁的最佳良药。有健康的体魄，才有健康的精神！

上句中，引用警句"В здоровом теле — здоровый дух!"，对前一句在语义上进行进一步佐证，增强了语句的说服力。

（22）По этому вопросу я говорил с некоторыми нашими физиками — они смеются над Циолковским, но принципа ракеты не отрицают. **Хорошо смеется тот, кто смеется последним.** К Циолковскому отношение не серьезное, но я бы написал о нем книгу, я думаю об этом, а надо бы съездить в Калугу, познакомиться, поговорить с ним. [А. Л. Чижевский. Вся жизнь (1959-1961)]

译文：这个问题我已经和国内几位物理学家谈过，他们虽然嘲笑齐奥尔科夫斯基，但并不否定火箭原理。笑到最后的人笑得最甜。虽然齐奥尔科夫斯基不被重视,但我要为他写本书,我正在考虑此事,应该去趟卡卢加,和他认识认识,聊一聊。

上句中,作者引用警句"Хорошо смеется тот, кто смеется последним",不仅表明自己对物理学家"齐奥尔科夫斯基"的肯定态度,并对其未来加以预测,增强了语句的可信度。

3.2.5 替代功能

语言文化单位作为语言与文化的中介表意单位,其中凝结了并非个体的,而是所有社会成员都清楚明白的定型化经验。在特定语境及言语意图作用下,修辞施动者可以使用语言文化单位,来替代其所属民族文化同义序列中的中性主导单位单独使用,例如:

(23) Немаловажный фактор — цены на «**черное золото**», спрос на которое сейчас стабилен. [Анастасия Литвинова. Россия сможет полностью оправиться от кризиса не ранее 2012 года (2010-12-29)]

译文:"黑金"的价格也是个重要因素,目前市场对其需求稳定。

上述例句使用俄罗斯人所熟知的语言文化单位"черное золото"(黑金)替代"уголь"(煤),体现了"煤"的价值和重要性。

(24) Просто так, когда мы только познакомились и я думала, что мы друг другу никак не подходим: я, такой **синий**

чулок, и он, такая золотая молодежь. [Ольга Сульчинская. От мира до кругозора // «Октябрь», 2003]

译文：只是刚认识的时候，我觉得和他一点都不般配：我是个<u>女学究</u>，而他是个花花公子。

"синий чулок"（女学究）是俄语中特有的语言文化单位，字面意义为"蓝袜子"，是对只热心钻研学问而不具备应有温柔的女性的贬抑称呼。作者没有大费笔墨描写自己如何钻研学问，不解风情，而是用"синий чулок"一词来概括、间接地表达。

有时，语言文化单位和其所属民族文化同义序列中的中性主导单位可以同时使用，造成呼应，从而形成特定的修辞效果，例如：

（25）Веткин дирижировал пением... — Штабс-капитан Лещенко, вы фальшивите! **Вам медведь на ухо наступил.** Замолчите! Замолчите! — крикнул Осадчий. (Александр Куприн. Олеся)

译文：维特金正指挥合唱……"列先科上尉，您唱跑调了！<u>您被熊踩到耳朵了</u>！别唱了！别唱了！"奥萨奇喊道。

上述例句中使用了语言文化单位"медведь на ухо наступил"，直义是"被熊踩到耳朵了"，转指"完全没有音乐欣赏、辨音能力"，与其所属民族文化同义序列中的中性主导单位"фальшивить"同时出现，造成呼应，产生生动而幽默的表达效果。

（26）Что такое **станционный смотритель**? Сущий

мученик четырнадцатого класса, огражденный своим чином токмо от побоев, и то не всегда (ссылаюсь на совесть моих читателей). (А. С. Пушкин. Станционный смотритель)

译文：什么是驿站长呢？一个十四品的真正的受气包，他的官职只能使他免于挨打，而且这也并非总能做到（请读者扪心自问）。

上述例句中语言文化单位"станционный смотритель"与其所属民族文化同义序列中的中性主导单位"мученик четырнадцатого класса"同时出现，造成呼应，不仅完成了替代功能，还形成了句际衔接，充实了篇章的信息含量，增强了表达效果。

3.3 语言文化单位的非常规使用（转用）

语言文化单位是语言文化群体多数成员认知结构中的有机组成部分，传播范围广泛，言语内容和形式为人们喜闻乐见。修辞的主旨在于创新与立异，在于鼓励人们合理冲撞、适度偏离语言及语用规范，形成新的、使人感到"陌生化"的表达方法。因此，在可辨认的范围内，语言文化单位在言语过程中常常被转用或者活用，例如：

（27）**Не имей сто рублей, а имей сто... тысяч.**（Вальтер, Мокиенко, 2005: 417）

译文：不要一百卢布，要……十万卢布。

上述例句是对语言文化单位"Не имей сто рублей, а имей

сто друзей"（宁要一百个朋友，不要一百个卢布）的转用，不仅反映了当时卢布贬值的现实，还产生了幽默的效果。

（28）Но будь я **семи пядей во лбу**, непременно тут же найдется в обществе человека **восеми пядей во лбу** — и я погиб. [Ф. М. Достоевский. Подросток (1875)]

译文：但不管我有<u>多聪明</u>，社会上必定还有比我<u>更聪明</u>的人，那时我就完蛋了。

上述例句不仅对语言文化单位"семь пядей во лбу"进行常规使用，还进行了非常规使用，即用"восемь"（八）代替"семь"（七），不仅通过对比达到语义效果，也令人感到好笑。

（29）**С милым рай в шалаше**, если милый на порше. (http: //www.1news.az/ analytics /socium)

译文：如果亲爱的人开保时捷，<u>那么和他在一起，住窝棚也是天堂</u>。

上述例句对语言文化单位"С милым рай в шалаше"（和亲爱的人在一起，住窝棚也是天堂）进行了改用，增加了条件（开保时捷），不仅体现了俄罗斯年轻一代价值观的改变，即不再信仰传统"С милым рай в шалаше"，更具有了幽默和讽刺的意味。

（30）**Куй железо, пока Горбачев.** (http://www.gramota.ru/slovari/argo)

译文：<u>趁着戈尔巴乔夫在位，赶快挣钱</u>。

第三章　语言文化单位的言语层描写

上述例句对语言文化单位"Куй железо, пока горячо"（趁热打铁）进行了改写，讽刺了时弊，令人印象深刻。

（31）С милым Райка в шалаше.（http://livespeak.academic.ru）

译文：<u>跟亲爱的人在一起，赖莎像在住窝棚</u>。

上句是语言文化单位"С милым рай в шалаше"（跟亲爱的人在一起，住窝棚也是天堂）的转用，嘲讽戈尔巴乔夫的夫人赖莎。

（32）Знание — силос.（http://livespeak.academic.ru）

译文：<u>知识是饲料</u>。

上句是对语言文化单位"Знание — сила"（知识就是力量）的仿词转用，形象、有力地嘲讽了不学无术、把知识看得一文不值的人。

这种"旧瓶装新酒"的形式既使"旧瓶"旧貌换新颜，又使新酒避免了"推销"上的费时费力，是一种便捷有效的表达方式，其自身的民族性也为言语表述增添了民族文化色彩。（王文忠，2003：172）此外，同义表达丰富，交际场合的多样性，主体评价与情感以及文明文化程度的不同，造成有些<u>常</u>体可以有多个变体。尤其是在 20 世纪 90 年代后，随着俄罗斯社会政治、经济和社会文化的急剧变革，这种情况愈演愈烈。如果不知道相关的文化背景，很难有效地理解说话人或作者的意图。因此，对语言文化单位的非常规使用做出系统描写和阐释具有一定的现实意义。下文从非常规使用时的语言手段、言语文化单位的生成模式、原则及其执行的修辞功能进行分析论述，以期得出规律性的结论，服务外语教学和翻译实践。

语言文化单位在非常规使用时，所产生的言语文化单位在形式、语义上较语言文化单位发生变异、转用和仿造，即修辞施动者根据对交际环境的认知，在可辨认的范围内相应地对语言文化单位进行了调整。如果修辞施动者对语言文化单位把握得不够好，对语境认知得不充分，或是对对方心理了解不够都会造成许多俄语文本对外国人来说像是谜语，甚至本国人也有些费解的情况。因此，掌握语言文化单位非常规使用时的语言手段，言语文化单位的产生模式以及具体实现的修辞功能，具有重要的现实意义。

3.3.1 非常规使用时的语言手段

归纳总结非常规使用语言文化单位的语言手段，无疑应从方法论的角度对其进行界定。综合各家观点，本研究将语言手段划分为以下几个基本层次，考察语言文化单位非常规使用手段。

语言层次 （уровни языка）	形态层次（морфологический）
	句法层次（синтаксический）
	词汇-语义层次（лексико-семантический）

3.3.1.1 形态层次

形态层次包括两种基本单位，即词素和词的形式。（王铭玉，2004：192）从语言文化单位到言语文化单位的生成过程中，最常用的形态手段主要有词汇替换和仿词两种。例如：

(33) **В человеке должно быть все прекрасно — ногти, зубы и волосы**.（美容广告，http://blud.pp.ru）

译文：人应当一切都美：指甲、牙齿、头发。

上句中，作者根据具体需要，转用契诃夫的名言"В человеке должно быть все прекрасно — и лицо, и одежда, и душа, и мысли"（人的一切都应当是美好的：容貌、衣着、灵魂、思想），不仅可以引起读者的注意，更具有一定的说服力。

(34) **В животе** у Червякова что-то **оторвалось**. Ничего не видя, ничего не слыша, он попятился к двери, вышел на улицу и поплелся... Придя машинально домой, не снимая вицмундира, он лег на диван и... помер. (А. П. Чехов. Смерть чиновника)

译文：切尔维亚科夫心惊胆战。他什么也看不见，什么也听不着，一步一步退到门口，来到街上，步履艰难地走着……他懵懵懂懂地回到家里，连制服都没脱就倒在沙发上，后来就……死了。

上句中，作家契诃夫对成语"оторвалось в сердце у кого/сердце оторвалось у кого"进行了活用，用"живот"（肚子）替换了"сердце"（心脏）。在契诃夫笔下，切尔维亚科夫奴性十足、卑微软弱，最在乎的就是他小公务员的身份，至死都没有脱下制服。用"живот"替换"сердце"，实在嘲讽切尔维亚科夫的精神生活贫乏可怜。

(35) В этом у нас полное понимание, по современной

пословице: «**Не откладывай на завтра то, что можно выпить и съесть сегодня!**» [Лидия Иванова. Искренне ваша грешница (2000)]

译文：这一点我们完全理解，用现代谚语说就是："今天能吃完、喝完的不要剩到明天！"

上句中，作者对语言文化单位"Никогда не откладывай на завтра то, что можно сделать сегодня"（今日事，今日毕）进行活用，用"выпить и съесть"（吃喝）代替了"сделать"（做），制造了幽默的效果。

（36）Но тот же уже спохватился и, уходя, проворчал угрюмо: — **Много будешь знать, рано состаришься**... Вскоре после того у Митьки сделалась ломота в пояснице — должно быть, надорвался, таскавши кули. [Д. С. Мережковский. Петр и Алексей (1905)]

译文：但那个人突然想起些什么，边走边不高兴地抱怨："知道太多，老得也快……"他刚走米季卡就腰痛了——可能是搬麻袋累的。

上句中，作者对语言文化单位"Много будешь знать — скоро состаришься"（知道太多，老得就快）的后半句略做修改，用"рано"代替了"скоро"，在不影响语义的情况下体现了个人语言特点。

3.3.1.2 句法层次

句法层次包括两种基本单位：词组和句子。（王铭玉，

2004: 193) 在这个层次中, 既包括词与词之间的句法联系, 也包括与单句、复句相关的句法联系。例如转换语法关系 (改变前置词、虚词或语法形式), 改变组成成分 (删减、增添、互换), 变换情态类型等。(王臻, 2008: 137) 其中, 添加和删减是常用的句法手段。

添加是指根据对语境的认知, 在原有的语言单位之前或之后添加相应的语言单位, 例如:

(37) **Не в деньгах счастье, а в их количестве!** (http://www.my.passion.ru)

译文: <u>幸福不在于金钱, 在于金钱的数量</u>。

(38) **Бедность не порок, а большое свинство.** (Звезда, 2002)

译文: <u>贫穷不是罪, 是无耻</u>。

这两个例句不仅对语言文化单位 "Не в деньгах счастье" (幸福不在于有钱) 和 "Бедность не порок" (贫非罪) 进行了添加, 并改变了语义, 体现了俄罗斯人金钱观的变化。

删减是指根据对语境的认知, 提取原有语言文化单位的一部分使用, 但通常不会影响受动者对言语文化单位的理解, 例如:

(39) **Сам кашу заварил**, нагнал на девку сухоту да еще спрашивает: кто? (П. И. Мельников-Печерский. В лесах)

译文: <u>自食其果</u>, 自己让女孩忧愁, 还问是谁?

上句中对语言文化单位 "Сам кашу заварил, сам и

расхлебывай"（自己煮的稀饭，自己就都喝了吧；自食其果）进行了删减，但并不影响语义的表达。

有时，各种句法手段会同时使用，例如：

（40）Это два медведя из разных эпох в одной берлоге. (Алексей Щеглов, Фаина Раневская. Вся жизнь)

译文：这是两头不同时代的熊同窝。

上句是语言文化单位"Два медведя в одной берлоге не живут"（两熊不同窝，一山不容二虎）的非常规使用，根据语境进行了形态上的调整，同时使用删减和添加两种句法手段，生动形象，切合实际。

3.3.1.3 词汇－语义层次

词汇－语义层次通常包括两种形式：词位和词汇－语义变体。（王铭玉，2004：193）所用的语义手段涉及语义结构的各个层级，主要指语言文化单位形式没有改变，而语义发生改变的情况。例如：

（41）Последняя стадия инфляции — **деньги куры не клюют**. (ЛГ, №30/92г.)

译文：通货膨胀的最后阶段，连鸡都不屑去啄纸币。

上句中，语言文化单位"деньги куры не клюют"的本义是指"某人非常富有"，而在此表达的是苏联解体后，通货膨胀，纸币严重贬值，连鸡都不屑去啄，带有讽刺意味。

（42）Он на этом **собаку съел**, а меня стошнило. (http://

www.bibo.kz/anekdoti)

译文：他在这方面很<u>内行</u>，而我却感到恶心。

上句中，语言文化单位"собаку съел"的字面意义是"吃下了一条狗"，实际上表示"熟练、精通、内行、擅长"，作者在此使用双关的修辞手法，巧妙地同时凸显该语言文化单位的字面意义和实际意义，制造了讽刺和幽默的效果。

（43）— Доктор, у меня депрессия.
— Лучшее лекарство — **с головой окунуться в работу**.
— Но я замешиваю бетон.（http://anekbook.ru）

译文：
"医生，我抑郁。"
"<u>埋头工作是最好的药</u>。"
"但我的工作是搅拌混凝土啊。"

上述对话中，医生使用了语言文化单位"с головой окунуться в работу"（埋头工作），但患者并没有正确理解，而是理解成字面意义，认为自己的工作不适合将头埋进去。

（44）我的家有爸爸、妈妈和我三人。每天早上一出门，我们三人就**分道扬镳**，**各奔前程**，晚上又**殊途同归**。爸爸是建筑师，每天在工地上**指手画脚**，妈妈是售货员，每天在商店里**来者不拒**，我是学生，每天在教室里**呆若木鸡**。我们家三个成员**臭味相投**，家中**一团和气**。但偶尔爸爸妈妈也会**同室操戈**。爸爸总是**心狠手辣**地揍得我**五体投地**，妈妈在一旁袖手旁观，从不见义勇为，有时甚且**助纣为虐**。……（http://www.mop.com）

133

上例中，作者刻意误用多个成语类语言文化单位，制造幽默效果。

实际运用中，这四个层次的语言手段可能单独使用，也可能多个层次相互交错，同时使用。

综上所述，在语言文化单位非常规使用时，言语文化单位的生成途径主要有两种：一是语言形式上发生变化，即对构成成分的替换，具有使语义更加贴近语境的功效。通常情况下，形式上的变化也会导致内容上的变化。在使用形态手段对语言文化单位进行转用时，通常会伴随理性意义甚至修辞意义的改变，但在多数情况下文化伴随意义并不发生改变。二是语言形式没有发生变化，但由于社会文化各个领域的变化而造成语言文化单位的内涵扩大或缩小，即概念意义或伴随意义发生改变。通常，这种改变还处在语言发展变化的初期，属于带动语言发展变化的典型修辞现象。它代表一种趋势，并没有形成语言规范在各种词典中固定下来，因此也属于语言文化单位的转用范畴。

3.3.2 言语文化单位的生成模式

从巴赫金对话性理论和克里斯蒂娃互文理论出发，可以得出：语言文化单位非常规使用时，产生的言语文化单位与原文本（此处文本和篇章所指相同）、原语境之间形成互文－对话关系。因此，我们可以从互文－对话角度对其生成模式进行归纳阐述。

根据巴赫金的观点，所有话语天生都是对已存在话语的反映，"任何人的个体语言经验都是在与他人话语长久的、不间断的相互作用中形成与发展。这种经验能够在掌握他人言语过程中形成自身的特点,而这里所说的掌握或多或少是一种创造性的掌握"(Бахтин, 1977: 268-269)。这种对话-互文思想在当今现实语境中产生了特殊的现实性。在巴赫金的语言理论中,话语的现实性代表的就是社会环境。他认为话语已不是自然体和自然过程,而是历史事件。作为历史事件,话语总是包含着具体的"社会评价",即人对历史现象、社会环境的主动的情感反映。另外,话语不仅构成历史事件,它也构成对话事件,在这种事件中话语的意思不是来自个人的意图而是来自语境。每一话语都以言语交际领域的共同点而与其他话语相联系,并充满他人话语的回声和余音。每一话语首先应被视为是对该领域中此前话语的应答,"它或反驳此前的表述,或肯定它,或补充它,或依靠它,或以它为已知的前提,或以某种方式考虑它"(巴赫金,1998:177)。

任何语言单位在特定的场景下突破语法和逻辑的限制,都具有修辞能力。语言文化单位在可辨认的范围内生成变体,突破规范,彰显个性,和其常体之间存在的正是这种互文对话关系。变体是对常体的反驳或是肯定、补充,或是依靠。变体或以常体为已知的前提,或以某种方式考虑前提。言语文化单位通过与语言文化单位之间的互文关系对受动者产生促动作用,使受动者形成规定的形象联想,产生情感评价,做出对说话人或作者意向含意的正确判断。值得指出的是,语言是一个由类推原则构成的关联网络,在这个网络里,新出现的要素只有通过一定的联系才能固定起来。因此,施动者对语言文化单位进行突破,是以它的常体形式为基础且必须在可辨认的范围内进行的。如此,才能为受动者正确理解其文化意义,达到预期修辞效果创造条件。也就是说，无论使用何种语言手段对语言文化单位进行转用，都必须坚持可辨认原则，即必须在可辨认的范围内进行。否则，就会对受动者造成理解障碍，或是即使不造成理解障碍，也达不到预期的修辞意图。

20世纪90年代，苏联的解体加速了俄罗斯社会的转型，也刺激了俄语的发展变化。其转型过程中出现了许多新的社会文化因素，例如政治思想环境、社会结构和价值取向等方面的变化以及大规模的对外开放等，对语言的发展变化起到了强大的促进作用。在社会文化生活"狂欢化"的条件下，大众媒体如电视、广播、报刊等发布的俄语篇章对外国人来说越来越不好理解，甚至阅读这些篇章就像猜谜。研究俄语语言文化单位的非常规使用有着较为重要的实践意义。

本章节从互文-对话理论出发，对修辞过程中语言文化单位的具体转用模式和转用变体进行外科手术式的考察。考察模式参照彭文钊博士对语言信息单位的研究成果。彭文钊在综合国内外学者的观点之后，从文本内外视角出发，对语言信息单位在历史和现代语境中的实际运用分别放在两个层次加以考察，即文本的内在视角（лингвокультуремы в текстах）和文本的外在视角（текст как лингвокультурема и межтекстовые связи）。其中，语言文化单位在文本中的变体（модификация）形式分为以下三类：（1）运用于变化了的社会语境（применение к иной внеязыковой ситуации）；（2）代换可识别的主题（замена темой, по которой распознается）；（3）内涵的变化（изменение объема）。（彭文钊，2006）

3.3.2.1 文本的内在视角

3.3.2.1.1 运用于变化了的社会语境（применение к иной внеязыковой ситуации）

运用于变化了的社会语境主要是指社会语境的变化导致语言文化单位的伴随意义的变化，即从历时角度看，语言文化单位随着社会文化的发展变化而产生修辞意义的变化。最典型的转用是将已经退出历史舞台的语言文化单位在现今社会的语境内使用，表达特定的修辞意义。例如，苏联时代的一些口号、警句格言等：

（45）**Большое внимание сельскому хозяйству!**
译文：<u>高度关注农业</u>！

（46）**Пролетарии всех стран, соединяйтесь!**
译文：<u>各国无产阶级，联合起来</u>！

这些口号本已随着苏联的解体而渐渐不再使用，重新使用通常是修辞施动者为了表达戏谑、讽刺、否定等感情评价色彩。

3.3.2.1.2 代换可识别的主题（замена темой, по которой распознается）

代换可识别的主题是指将人们通常熟悉的熟语、名言等变换主题词或话题，但通过原有的用词、结构或句式，使读者或受动者可以轻易辨认和复原其本原或出处，生成新的表达法或保留原意或产生新意，以达到言简意赅、形象生动、传情达意的效果。例如：

（47）**В человеке должно быть все прекрасно: и зарплата, и квартира, и машина, и жена**. (http://www.odnoklassniki.ru)

译文：人的一切都应该是美好的：工资、房子、汽车、妻子。

上句是对契诃夫（А. Чехов）"В человеке должно быть все прекрасно: и лицо, и одежда, и душа, и мысли"（人的一切都应当是美好的：容貌、衣着、灵魂、思想）的非常规使用，通过对"一切"所包含内容的改写，表达了现代人价值观的改变，对物质生活的注重和追求。

（48）**Ученье — свет, а неученых — тьма**. [Евгений Попов. Подлинная история «Зеленых музыкантов» (1997)]

译文：学则明，但不学无术的人多如牛毛。

上句是对"Ученье — свет, а неученье — тьма"（学则明，不学则暗）的非常规使用，用同根词"неученых"（不学无术的人）代替"неученье"（不学），改变了语言文化单位所表达的主题，同时"тьма"的意义也由"黑暗"转化为另一个义项"很多"，语句在可辨认、不造成交际障碍的前提下得到了改造。这一改变已被大多数的俄罗斯人接受和使用，甚至成为新的语言文化单位。

代换可识别的主题与汉语中的一种辞格"仿辞"类似。仿造的对象为本体，仿造的产品为变体。与此相应，语言文化单位是本体，言语文化单位是变体。

3.3.2.1.3 内涵的变化（изменение объема）

语言文化单位的内涵变化或转移主要反映在两个方面：含义或信息的扩大和缩小。(彭文钊，2006) 随着社会政治、经济及文化的发展变化，语言文化单位的意义结构的每个层次都可能随之发生变化。按照语言文化单位的意义结构，主要可分为两大类：一是理性意义发生变化；二是非理性意义即文化伴随意义和修辞意义发生变化。当然，这两种变化可能单独发生，也可能同时发生。例如，"товарищ"（同志）在苏联时期是最常用的词，表示观点、行动、生活环境等方面有一致性的关系亲密的人，或是社会主义国家、政党的一员。而苏联解体后，这个词遭到了弃用，甚至开始带有负面的色彩。

从符号学角度看，上述分类同时涉及形式和语义变化。其中的第一类和第三类中，语言文化单位在语言形式上维持原貌，被转用的是其意义结构的某个层次或是多个层次；第二类中则是语言文化单位被活用的典型表现，即形式和意义结构都发生变化。需要指出的是，原体与变体之间的联系是明显的、直接的和相对简单的，同种语言文化背景下的受话人和读者不需借助专门知识就可以理解。修辞学认为，修辞性话语的产生依赖于修辞性的情景或环境，即突变的环境往往给修辞性的话语带来契机。(常昌富，1998: 11) 上述分类中的第一类和第三类明显是以社会环境的突变为契机的；第二类中，形式变化虽然很难体现出社会变化的痕迹，但从其被替换、改写的语言手段在语义层面对社会文化变化的反映也是有迹可循的。例如上文中提到的例子：

（49）**Не имей сто рублей, а имей миллион**. (Не имей сто

рублей, а имей сто друзей.)

译文：不要一百卢布，要一百万。

（50）**Не в деньгах счастье, а в их количестве.** (Не в деньгах счастье.)

译文：幸福不在于金钱，而在于金钱的数量。

（51）**Бедность не порок, а большое свинство.** (Бедность не порок.)

译文：贫非罪，是愚蠢。

（52）**В человеке должно быть все прекрасно: и зарплата, и квартира, и машина, и жена.** (В человеке должно быть все прекрасно: и лицо, и одежда, и душа, и мысли.)

译文：人的一切都应该是美好的：工资、住房、汽车和妻子。

上述三个言语文化单位和常体之间的背离体现了苏联解体后，随着政治经济体制的巨变和西方思潮的涌入，俄罗斯民族的价值观也在发生转变：从追求精神生活的完满到对金钱和物质的追求甚嚣尘上。

3.3.2.2　文本的外在视角

根据互文性理论，任何文本都是对其他文本的吸收和改造。文本理论的提出打破了传统意义上篇章的封闭性、确定性和孤立性，无论是在时间上还是空间上都赋予了文本开放性、创造性和关联性。文本的外在视角则主要从文本的接受和理解角度出发，归纳总结文本与其互文本之间的跨文本关系模式，即言语文化单位和语言文化单位之间的关系。戈尔什科夫将生成模式体现为集句（центон）、引用（цитата）、题记（эпиграф）、引文标题（цитатное заглавие）、用典（аллюзия）、雷同（реминисценция）、形象重复（повторяющиеся образы）（文本的外在视角）等。(Горшков，2000) 本研究主要关注文本的内在视角，因此对外在视角不做赘述。

3.3.3 言语文化单位的修辞功能

非常规使用时，语言文化单位在可辨认的前提下，经过音位、形态、句法或词汇－语义层面的转换在言语层生成言语文化单位。和常规使用时一样，非常规使用生成的言语文化单位也执行交际功能、认知功能、文化认同功能、文化传播功能、情感表现力功能、取信功能和替代功能等七项功能。那么，非常规使用与常规使用相比，言语文化单位在修辞功能上有何异同？是否会产生新的功能呢？

参照本章 3.3.1 的研究，从言语文化单位生成的语言手段看，言语文化单位在形式或（和）语义上是对语言文化单位在可辨认范围内的变异、转用和仿造。从形式上讲，这种转用一方面体现了修辞施动者根据对具体语境的认知对语言文化单位进行了相应的调整，另一方面也体现了语言文化单位的形式演变过程。通常，这种演变还处在语言发展变化的初期，属于带动语言发展变化的典型修辞现象。从语义上讲，语言文化单位在语义层面的改变一方面体现修辞施动者对具体语境的认知和适应，另一方面也在一定程度上体现了施动者甚至其所在民族社会共同体价值观念的转变。从总体上看，这也是语言文化场开放性的一种体现。因此，与常规使用相比，非常规使用语言文化单位生成的言语文化单位还执行"语言创新功能"（функция стимулирования развития языка）这一动态性修辞功能。

参照本章 3.3.2 的研究，从言语文化单位的生成模式看，由于非常规使用时需坚持可辨认性原则，言语文化单位和语言文化单位之间生成对话 - 互文关系。这种对话 - 互文关系虽然并不衍生言语文化单位的新功能，但却可能为和常规使用时共有的交际功能、认知功能、文化认同功能、文化传播功能、情感表现力功能、取信功能和替代功能等 7 项功能带来新的内容，注入新的活力。

综上所述，语言文化单位在非常规使用时，生成的言语文化单位执行交际功能、认知功能、文化认同功能、文化传播功能、情感表现力功能、取信功能、替代功能、语言创新功能等 8 种功能。其中，交际功能和认知功能是所有语言单位的基本功能，本研究不再赘述。下文对其他 6 项新功能或有新内容的功能分别进行阐述：

3.3.3.1 文化认同功能

言语文化单位执行的文化认同功能衍生自语言文化单位的文化伴随意义。语言文化单位非常规使用时坚持"可辨认原则"，因此只要修辞受动者能够辨认出言语文化单位所出自的语言文化单位，就同样执行文化认同功能。而且，在跨文化交际的语境中，其文化认同功能会得到一定程度的加强。例如：

第三章　语言文化单位的言语层描写

（53）**В Австрии хорошо, а дома — лучше**: я человек очень русский. (Известия. 2002-06-30)

译文：<u>澳大利亚虽好，不如在家好</u>：我是典型的俄罗斯人。

上句是对语言文化单位"В гостях хорошо, а дома лучше"（做客虽好，不如在家好）的非常规使用。显然，作者根据实际语境用"Австрии"替换了"гостях"，表达了强烈的思乡之情，能够引起同民族成员的广泛同感。

（54）**Казань не сразу строилась**... （http://www.business-gazeta.ru）

译文：<u>喀山不是一日建成的</u>……

上句是一篇介绍宣传喀山的文章标题。对语言文化单位"Москва не сразу строилась"（莫斯科不是一日建成的）进行了改造，用"喀山"代替了俄罗斯首都"莫斯科"，拉近了两个城市在俄罗斯民众心里的距离，使"喀山"得到了更大程度的认可。

（55）**Дома и Сочи помогают**. （http://ibigdan.livejournal.com）

译文：<u>在家里，索契也能帮助你</u>。

上句是一篇报道的标题，内容是俄罗斯一名保健医生认为出国休假需要适应新的气候环境，会对国人造成身体负担，建议在国内休假。作者对语言文化单位"Дома и стены помогают"（在家千日好 / 在家里，墙壁也能帮助你）进行了仿造，用俄罗

143

斯人耳熟能详的地名"Сочи"（索契）代替了"стены"（墙壁）。索契是俄罗斯最著名、最受欢迎的度假胜地，气候宜人，风光优美。"Дома и стены помогают"本身已经可以激发俄罗斯人对祖国、故乡的眷恋，"Сочи"更是增强了其说服力，这可谓一条非常成功的标题。

（56）Это ОН приносит на праздники **ту самую лишнюю бутылку водки**.（http://chugreev.ru/forum/）

译文：是他在节日带来缺少的那瓶伏特加。

上句使用了诗作"Самый плохой человек в мире"（世界上最坏的人）的末句，诗作者通过列举各种事迹，塑造了一个可憎可爱的人物形象。通过对末句"Всегда не хватает лишней бутылки водки"（永远缺少一瓶伏特加）进行改用，让熟悉这条谚语并酷爱伏特加的俄罗斯人心领神会，对人物形象又爱又恨。

3.3.3.2 文化传播功能

言语文化单位（变体）执行的文化传播功能衍生自语言文化单位（常体）的文化伴随意义。因此，只要修辞受动者能够辨认出言语文化单位所出自的语言文化单位，就同样执行文化传播功能。例如：

（57）**В Китай со своим самоваром не ездят!** (http://www.tyrist.ru)

译文：去中国不用带茶炊。

这是一则中国旅游广告，对语言文化单位"В Тулу со

своим самоваром не ездят"（去图拉不用带茶炊）进行了转用，不仅突出了中国的茶文化，激起俄罗斯人到中国旅游的热情，也通过俄罗斯人熟悉的俗语让他们感到亲切。

（58）Кому в Германии жить хорошо? (http://www.1-property.ru)

译文：谁在德国能够过上好日子？

这是一篇介绍德国不动产文章的标题，对语言文化单位"Кому на Руси жить хорошо"（谁在俄罗斯能过好日子）进行了转用，起到了良好的宣传效果。

（59）— Что русскому хорошо — в Европе делали десять лет назад. (http://www.adme.ru)

译文：对俄国人来说好的事情，欧洲早在十来年前就做过了。

这是一则广告，对语言文化单位"Что русскому хорошо, то немцу — смерть"[对俄国人来说是好的东西（事情），对德国人来说是灭亡]进行了转用，生成的言语文化单位与语言文化单位形成较为强烈的转折和对比，给读者留下强烈的印象，也起到了显著的宣传效果。

（60）Удивительно, что именно Россия стала первой в мире страной, где покер получил официальный статус. **Все дороги ведут в Лас-Вегас.** [Евгений Гик. Страсти по покеру. «Наука и жизнь», 2008]

145

译文：奇怪的是，俄罗斯恰恰是世界上第一个承认扑克正式地位的国家。<u>条条大路通向拉斯维加斯</u>。

上句中，作者对语言文化单位"все дороги ведут в Рим"（条条大路通罗马）进行了转用，用"Лас-Вегас"（拉斯维加斯）替代"Рим"（罗马），不仅传达了语义，且突出了拉斯维加斯作为赌城的象征意义。

3.3.3.3 情感表现力功能

言语文化单位执行的情感表现力功能衍生自语言文化单位的文化伴随意义。语言文化单位非常规使用时坚持"可辨认原则"，因此只要修辞受动者能够辨认出言语文化单位所出自的语言文化单位，就和常体一样执行情感表现力功能。

修辞施动者根据具体语境对语言文化单位进行适应性调整，使言语文化单位更加贴近语境。此时，言语文化单位和语言文化单位之间形成互文－对话关系，能够让受动者联想到语言文化单位时产生熟悉的情感。和常规使用相比，情感表现力功能也更加强大。例如：

（61）Чтоб, **блин не комом**! (Комсомольская правда, 2005)
译文：<u>坚决不糊饼</u>！

这是一篇推销烙饼（блинчики）炊具的广告，是对成语"Первый блин — комом"（第一张饼不糊，万事开头难）的仿拟，它在结构和语义上都发生了变化。这一标题显然比中性表达手段"Как хорошо готовить блинчики"更具创意。文章的标题应该醒目、新颖，这样才能吸引读者的目光。仿拟的运用使其不拘泥于呆板的叙事方式，幽默风趣、新颖别致，可以收到独特的修辞效果。

（62）В приложении к бизнесу с Neways пословица "**Не имей 100 рублей, а имей 100 друзей**" должна звучать так: "Имеешь сто друзей, заработаешь миллион".（http://www.belotserkovskie.com.ua）

译文：和 Neways 做生意，谚语"宁有一百个朋友，不要一百个卢布"应改为"你有一百卢布，就能赚一百万卢布"。

上句中对语言文化单位"Не имей 100 рублей, а имей 100 друзей"（宁有一百个朋友，不要一百个卢布；朋友重于金钱）进行了转用。常体和变体同时出现，形成鲜明对比，在语义上更加饱满贴切，在修辞上更具表现力，对读者造成一定的冲击。

（63）**Никогда не откладывай на завтра то, что можно сделать послезавтра.**（http://www.antfam.ru/content/）

译文：永远不要把能拖到后天的事拖到明天。

上句中，作者对语言文化单位"Никогда не откладывай на завтра то, что можно сделать сегодня"（今日事，今日毕）的后半句进行了修改，制造了幽默和嘲讽的效果。

（64）— **Много будешь знать — скоро плешь вырастет**, — предостерег Иван Дмитриевич.（Леонид Юзефович. Дом свиданий）

译文："知道太多，很快会谢顶……"伊万·德米特里耶维

147

奇提醒说。

上句中，作者对语言文化单位"Много будешь знать — скоро состаришься"（知道太多，老得就快）的后半句进行了修改，用"скоро плешь вырастет"来代替"скоро состаришься"，更具有直观性和形象性。

3.3.3.4 取信功能

许多语言文化单位取自典故、经验、名人名言，反映民族价值观并被全社会所公认。使用这种单位能有效地提升言语的说服力，并为取信于他人打下基础。

言语文化单位执行的取信功能衍生自语言文化单位的文化伴随意义。语言文化单位非常规使用时坚持"可辨认原则"，因此只要修辞受动者能够辨认出言语文化单位所出自的语言文化单位，就同样执行取信功能。例如：

（65）**Всех прекрасней и белей...** (реклама телевизора)

译文：<u>最美、最白</u>……

这是一则电视机广告。它来源于普希金（А. С. Пушкин）的童话《公主和七勇士的故事》（«Сказка о мёртвой царевне и о семи богатырях»）中的一句话："Я ль на свете всех милее, всех прекрасней и белее?"（我是不是世界上最可爱、最美、最白的人?）广告为这句话的截短形式。看过这句广告词，我们自然会回想起童话故事中白雪公主的美貌无人能及，广告词借此暗指自己的商品质量优于其他一切商品。（转引自顾倩，2007：17）

（66）Служитель искусства должен быть силен, крепок, вынослив... Вот и Чехов говорил, что **в человеке должно быть все прекрасно**. (Новый мир, 2001)

译文：艺术工作者应该内心强大、性格坚强、坚忍不拔……如契诃夫所说，<u>人的一切都应该是美好的</u>。

上句中引用著名作家契诃夫（А. П. Чехов）的名言"В человеке должно быть все прекрасно: и лицо, и одежда, и душа, и мысли"（人的一切都应当是美好的：容貌、衣着、灵魂、思想）的前半句，佐证自己的观点，既具有突出中心、富有启发性、使语言精练等作用，同时也增加了话语的权威性和可信度。

（67）**Век живи — век лечись?** (http://www.pozvonok.ru/info)

译文：<u>活到老，治到老</u>？

这是一则医疗广告的标题，正文中介绍了扁平足的危害及有效治疗方法。标题对语言文化单位"век живи — век учись."（活到老，学到老）进行了活用，不仅切合语境，更增添了一定的震慑力和说服力。

（68）Но, с другой стороны, **плох тот руководитель, который не ставит перед собой высоких целей**. [Дом родной (2003) // «Марийская правда» (Йошкар-Ола), 2003-06-01]

译文：不过，从另一方面讲，<u>不树立远大目标的领导不是好领导</u>。

上句中对名言 "Плох тот солдат, который не мечтает стать генералом"（不想当将军的士兵不是好士兵）进行了转用，提高了话语的说服力。

另外，目前日益盛行的山寨文化也佐证了"名牌、名言、名人"的取信效果。因为他们已获得社会的认可，拥有了较高的知名度，特别是较高的美誉度后，就会形成磁场效应，形成并很好地发挥"知名度"的聚合效应。

3.3.3.5 替代功能

语言文化单位非常规使用时，生成的言语文化单位和常规使用时同样执行替代功能。例如：

（69）Поэтому в пиковые часы — с 7 утра до трех дня — на полях и **мячику негде упасть**. (Столица. 1997-06-17)

译文：因此，上午 7 点到下午 3 点的高峰时间，田地里<u>人山人海</u>。

上句中对语言文化单位"яблоку негде упасть"（苹果没地方可落；挤得水泄不通）进行了改造，但语义并不发生改变，仍然表达"挤得水泄不通，满满的"，因此，在此处单独使用，替代了"много народу"（很多人）这一民族文化同义序列的中性主导单位。

（70）**Солнце русской поэзии, русской литературы, русской революции** погасло. (Александр Проханов. Господин Гексоген)

译文：<u>俄罗斯革命、文学和诗歌的太阳</u>陨落了。

俄语中，"Солнце русской поэзии"这一语言文化单位指的是俄罗斯伟大诗人普希金（А. С. Пушкин）。上述例句对其进行改用，增加了"革命和文学"的定语，不仅替代了人物姓名，更增强了表现力，引起读者的共鸣。

（71）**Я в рубашке родился. Без рубашки умру.** (Л. Г., 1996, №25)

译文：我生来有福，却将死得凄惨。

上句中，作者对语言文化单位"родиться в рубашке"（幸福，幸运）进行了转用，即用"без"代"в"，以"умереть"代替"родиться"，从而构成了与原语言文化单位意义相反的表达方式，意为"不幸"，体现了作者无奈和悲凉的心境。

（72）**Вам нечего ждать милость народа. Взять их у него — ваша задача.**（http://www.lunwenf.com）

译文：你们不能等待人民的施舍，向人民索取是你们的任务。

上句是对语言文化单位"Мы не можем ждать милостей от природы, взять их у неё — ваша задача."（我们不能等待自然界的施舍，我们要向它索取）的非常规使用，用"народ"（人民）代替了"природа"（自然界），不仅表达出对俄罗斯市场经济条件下老百姓利益受到生意人侵害的语义，还制造了幽默和讽刺的效果。

3.3.3.6 语言创新功能

众所周知，在语言的发展过程中，修辞规范不等同于语言规范。语义－逻辑上的不合理可以转化为修辞上的合理，并达到一定的效果。例如 живой труп（行尸走肉），умный дурак（大智若愚），сладкая мука（甜蜜的痛苦）等将意义上相反对立、相互矛盾排斥的词组合在一起，却让人回味无穷；再如"半夜三更子时归，关门闭户掩柴扉。妻子老婆内人问，你是哪个何人谁?"这首诗中每一句都有三个概念意义重复的词汇，表面上看是语义冗余，但从修辞角度看，却形成了幽默风趣的效果。从相互关系上看，修辞规范以语言规范为基础，但修辞本身的理念是创新求异，这使得修辞不断地合理冲撞语言规范，适度地偏离规范。从这点说，修辞规范无疑是语言规范的先行者。修辞规范如果能够经受时间的洗礼得以固定下来，就形成了语言规范；否则只是昙花一现，自动消亡。因此，修辞充当语言发展的火车头，是以个性化、偏离规范化并逐渐达到重新规范化的过程。

非常规使用时，修辞施动者根据对具体语境的认知，对语言文化单位进行形式或（和）语义上的调整。从形式上讲，这种转用一方面体现了修辞施动者根据对具体语境的认知，另一方面也体现了语言文化单位的形式演变过程。通常，这种改变还处在语言发展变化的初期，属于带动语言发展变化的典型修辞现象。20世纪90年代苏联解体以来，俄罗斯社会生活的政治、经济、文化、科技等各个领域都发生了急剧的变化。社会生活一旦摆脱了长期的禁锢，就走向了被禁锢的反面极端——狂欢化。与之相应，俄语也受到了巨大的冲击，民主化甚至自由化盛行。语言的自由化意味着无视或忽视既有的语言规范，强调修辞运作的自由和个性。这种由社会变革给人造成的心理动荡表现为对语言规范的蔑视和语言选用的任意性，也反映出人对昔日传统的摒弃。例如，大量词汇的情感表现力色彩由贬义变为中立：社会制度、社会意识的变革导致了一系列词语的修辞色彩发生变化。由于实行"民主"，一些政治词语改变了"感情色彩"。以最敏感的词汇层为例，褒贬色彩发生更替：оппозиция（反对派）、фракция（派别）等词，在一党专政的苏联，曾带有反面的色彩，现在成为修辞中性词；反之，昔日的褒义词却走向反面，如социализм（社会主义）、коммунизм（共产主义）等。口语体与书面语体的相互渗透：出现了一大批书面语（大多为外来词）进入日常口语以及许多口语词进入书面语的"超常规"现象。例如，如今人们口语中时兴说 игнорировать（忽视）、консенсус（协商一致）等本属书面语的词，而不爱说 не обратить внимание（不注意）、общее согласие（一致意见）等口语词汇；书面语中时兴说беспредел（无法无天）、болтать（闲聊）、крутиться（忙忙碌碌）、обозреть（观察），而不爱说 крайняя степень беспорядка（极度混乱）、говорить（说）、проводить время в хлопотах（奔波忙碌）、сделать обзор（进行观察）等。

有些学者（科斯托马罗夫等）将语言文化单位的非常规使用界定为只是为了"把话说得漂亮"，增强话语表现力的"语言游戏"（языковая игра）。需要指出的是，从修辞学角度看，一切突破语言常规的用法都是典型的修辞现象。语言的狂欢化、民主化创造了修辞的前提，即客体的多样化；多样化的突破常规的文本在使用中被人们选择，形成新的语言规范或不被社会认同而消失。由于语言尤其是语法层面发展变化的缓慢性，语言文化单位的非常规使用具有拉动语言发展的作用，只不过具有潜移默化的性质。例如，许多语言文化单位的变体在语言中沉淀下来，甚至被录入词典："А воз и ныне там"（事情毫无进展）的变体"А воз и ныне ни с места"；"В гостях хорошо, а дома лучше"（做客虽好，不如在家好）的变体"Хорошо в гостях, а дома лучше"等。这些变体通常只是形态上有所改变，其民族文化语义并不改变，因此通常和常体一起被视作同一个语言文化单位。例如：

(73) Но **что человек предполагает, то бог часто располагает по-своему**. (Н. С. Лесков. Борьба за преобладание)

译文：但<u>人们做计划，上帝却自有安排</u>。

上句中，作者对语言文化单位"Человек предполагает, а бог располагает"（人们做计划，上帝做安排；谋事在人，成事在天）进行了转用，表明了对世事难料的无奈态度。

(74) **Кто не работает, тот не ест**.
译文：<u>不劳动者不得食</u>。

上句是列宁对译自拉丁语的成语"Кто не трудится, тот не ест"（不劳动者不得食）的转用。现在，这两句话都成为鼓励劳动的谚语。

语言是文化的载体，语言的创新必然体现文化的发展。通过对语言文化单位加以转用，历史文化信息在新的语境下呈现、变异、转用,可以产生新的名称、含义及潜台词,从而丰富了言语转用的内容,使交际过程更加生动,体现了"语言的时代品味"(языковой вкус эпохи)(彭文钊等,2006:171)。非常规使用时,如果对语言文化单位进行语义层面的变异转用,可能体现为以下两种情况:(1)通过对语言文化单位加以活用或转用,历史文化信息在新的语境下呈现、变异、转用,可以产生新的名称、含义及潜台词,从而丰富了言语转用的内容,使交际过程更加生动;(2)语言文化单位中蕴含历时性社会文化的积淀,因此,它的转用尤其是语义层面发生变异的转用,使得历史文化信息在新的语境下呈现所获得的新内容、新意义,体现社会文化的发展变化。例如:

(75) Но... **человек предполагает, а Комитет, как всегда, располагает.** (Андрей Белозеров. Чайка)

译文:但是,<u>人们做计划,而委员会自有安排</u>。

(76) — Ну что ж, — сказал я. **Человек предполагает, а торговое предприятие располагает**. (Борис Левин. Блуждающие огни)

译文:"那好吧,"我说,"<u>人们做计划,而贸易企业自有安排</u>。"

上两个例句中,作者分别对语言文化单位"Человек предполагает, а бог располагает"(人们做计划,上帝做安排;谋事在人,成事在天)进行了转用,用"Комитет"和"торговое предприятие"替代"бог",不仅切合语境,更体现了政治、经济层面的革新。

语言文化单位非常规使用时，生成的言语文化单位如果逐渐得到语言共同体成员的认可，即从一部分成员开始逐渐到绝大多数人员的认可，即可形成新的语言文化单位或是在二次称名基础上实现再次称名（运用于变化了的社会语境时），获得新的文化伴随意义。这不仅体现了语言文化场的开放性，也对言语文化单位的"语言创新功能"进行了佐证。获得统一并固定下来的新的语言文化单位或文化伴随意义包含着使用同一种语言的人类群体把握事物的最新概念方式和文化价值观，注定将为后人所承袭，为他们认识、理解事物提供现成而便捷的思考模式。

从理论上讲，对同一序列的民族文化同义单位进行动态研究，分析其中蕴含的观念即民族共同价值或情感的变化，可得出规律性的结论，为外语教学和翻译实践服务。

3.4 本章小结

通过对语言文化单位在言语层具体运用的考察，本研究将其具体使用划分为常规使用和非常规使用两种情况。其中，常规使用指的是在适当的语境中使用其在语言中固定下来的形态和语义统一体的情况；非常规使用是指根据对交际环境的认知，在可辨认的范围内对语言文化单位形态或（和）语义做出相应调整的情况。

常规使用时，语言文化单位在形式和语义上没有发生改变，生成的言语文化单位不仅执行交际功能和认知功能，还执行文化认同功能、文化传播功能、情感表现力功能、取信功能和替代功能等5项修辞功能。非常规使用时，使用的语言手段从方法论

第三章 语言文化单位的言语层描写

上可以划分为音位、形态、句法和词汇－语义等4个层次；言语文化单位的生成模式可从对话－互文和符号学两个角度进行归纳；言语文化单位和语言文化单位之间的对话－互文关系使得其不仅执行交际功能、认知功能、文化认同功能、文化传播功能、情感表现力功能、取信功能和替代功能，而且还衍生了新的功能——语言创新功能。这些功能不是毫无关联的，而是相互联系、共同作用从而产生修辞效应（力）（стилистический эффект/сила）。

修辞学是集语言研究和言语研究为一体、描写和阐释方法并重的系统性研究。本章结合第二章对语言文化单位作为修辞资源的描写，完成了语言层和言语层相结合的修辞学系统描写模式。授人以鱼，不如授人以渔。学术研究不应止步于"知其然"，更要"知其所以然"。本研究将以前三章的研究结论为基础，尝试在第四章从言语文化单位的生成和理解入手，解释言语文化单位所建构的修辞效果以及修辞效果的实现，从而以期得出规律性结论，完成全书语言研究和言语研究相结合、描写和阐释方法并重的系统性研究模式的构建。

第四章　语言文化单位的言语层阐释：生成与理解

4.0　引言

20世纪90年代起，随着语言学研究逐渐从"社会范式"转向了"人类中心论范式"，修辞学研究在新的、更高的层次上实现了与哲学的联姻，形成了修辞哲学。现代修辞哲学关注修辞活动中"人"的因素，关注修辞施受双方，强调修辞活动的目的性，主张修辞活动是有意识、有针对性地选择和调配语言，讲究修辞过程的平等对话性，追求受动者对修辞产品的有效认同和接受，即最佳交际实效。新修辞学同样强调修辞活动的体验观，通过修辞话语意义将施动方经验向受动方的主体经验世界进行投射，并在受动方的主体经验世界得到印证，从而参与施动方的自我构建。人们在修辞表达的同时，也阐述了修辞主体的一种价值判断。

修辞学研究人们如何使用语言去影响他人，宏观上它必须涉及以下3个方面的问题：一是作为修辞活动主体的施动者（адресант），二是作为修辞活动主体的受动者（адресат），三是修辞话语（высказывание），如下图所示：

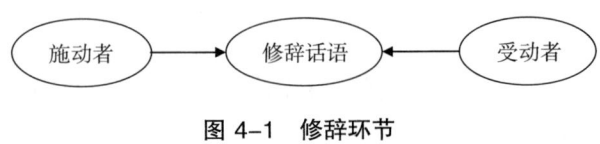

图 4-1　修辞环节

其中，修辞活动的施动者对语言资源（包括各种修辞资源和手段）、受动者接受心理和统觉背景以及语境进行认知，并在此基础上建构言语，表达自己的意图，对受动者实施影响；而受动者在接受修辞话语时，发挥主观能动性，对话语进行积极的认知推理，从而理解施动者的修辞意图。"表达和接受构成修辞活动的两极，在同一言语交际过程中二者既相互联系，又各有不同的角色分工：表达者提供获得言语交际最佳效果的可能性，接受者完成由可能性向现实性的转化。"（谭学纯等，2001：7）如此，表达和接受这两个可逆而互动的单元构成一个完整的修辞过程。毫无疑问，修辞话语在修辞过程中充当施动者和受动者之间的交际手段和中介。因此，从修辞话语入手，既可以从话语生成角度研究施动者，也可以从话语理解角度研究受动者，兼顾了修辞过程在宏观上所涉及的所有 3 个方面。因此，本章从言语文化单位入手，将修辞的深层机制划分层级，并从各个层级阐释言语文化单位的生成与理解。

4.1　修辞机制的层级

从话语的生成角度看，修辞是"以认同（形成态度或导致行为）为目的，以选择性为认知基础，以对话性（接受心理）为原

第四章 语言文化单位的言语层阐释：生成与理解

则，以个性化为机制，追求最佳交际实效（审美）的语言运作"。其中，认知是修辞的本质属性，认知机制是实施修辞的基础。在此基础上，选择以对比为方式、以适应为指向、以个性为特征、以传情达意为目的。语言系统是具有多样性的修辞资源，从情感评价性到时代品味属性，再到民族文化属性等，这为选择提供了前提。对话性原则主要体现在修辞施动者要关注受动者的接受心理和统觉背景。个性化不仅是个人知识经验、语言世界图景的自然反映，还体现人创新求异的本性。对最佳交际实效的追求则体现在审美层次，因为修辞的过程是人对世界的审美过程，只要人使用语言去影响他人，就是对语言的审美建构，就进入了审美境界。由此，可将修辞话语建构过程分为认知、审美、心理、个性化、文化和时代品味等 6 个层级的运作机制。也就是说，通过这 6 个层级的运作机制构建了修辞话语。

只有表达没有理解，只有编码没有解码，不能成为完整的修辞过程。修辞活动是言语交际双方共同创造最佳交际实效的审美活动。而所谓最佳交际实效，在施动者那里，只具有可能性；在受动者那里，才具有现实性。（谭学纯等，2001：97）只有受动者有效理解了修辞话语，修辞效应才能从"可能性"转化为"现实性"。完整的修辞活动是由编码和解码，即话语的生成和理解两个可逆的部分构成的。因此，修辞话语的理解机制具有同样重要的研究价值。鉴于话语的生成和理解是一组可逆的、互动的过程，共同构成完整的修辞活动，本研究认为，可以借鉴本研究对话语生成过程的分析，从认知、审美、心理、个性化、文化和时代品味等 6 个层级对话语的理解过程进行相应的阐释。

近年来，俄罗斯文化学界从各个层次关注语言文化单位的研究,并取得了一定成果。但也有学者认为语言文化单位这一术语存在模糊性,因为它没有指出深层文化含义是如何形成、该如何理解和接受的。(彭文钊等,2006:36)语言文化单位蕴含的深层文化含义是如何在言语中被体现和理解的,其修辞效应是如何构建和实现的,成为本研究的重点所在。根据本研究第三章的研究结论,常规使用语言文化单位生成的言语文化单位执行交际功能、认知功能、文化认同功能、文化传播功能、情感表现力功能、取信功能和替代功能等修辞功能;而在非常规使用时,还衍生了"语言创新功能"这一新的动态性功能。正是通过这些功能的实现,言语文化单位的修辞效应得以建构。因此,言语文化单位怎样获得意义和这些功能,交际的意义实效是如何建构并实现的,就具有重要的研究价值。为了解决这些问题,本章从言语文化单位的生成和理解入手,推导出其在认知、审美、心理、个性化、文化和时代品味等6个层级的运转机制,以期建立言语文化单位的修辞学阐释模式。

鉴于修辞话语生成和理解的可逆性,下文在对言语文化单位的理解机制进行阐释时,参照生成机制的层级。语言文化单位是具有结构相对固定性、意义整体性的潜藏民族文化语义的修辞资源,其理解机制既符合普遍的修辞理解机制,同时又体现为认知、审美、心理、个性化、文化和时代品味等各层面的特殊性。修辞施动者通过言语文化单位建立修辞效果,受动者实现语言文化单位独特修辞效果的机制是本研究阐述的主要旨归。

4.2 言语文化单位生成的深层机制

4.2.1 认知机制

认知机制是话语生成的基础。简单地说,修辞施动者构建话语的认知机制是通过对修辞受动者和具体语境的认知,对自身具备的修辞资源进行选择和组合,根据受动者的接受心理和统觉系统以及对方的反应不断地整合各种修辞要素,从而将其言语意图转化为修辞话语的过程。参见下图:

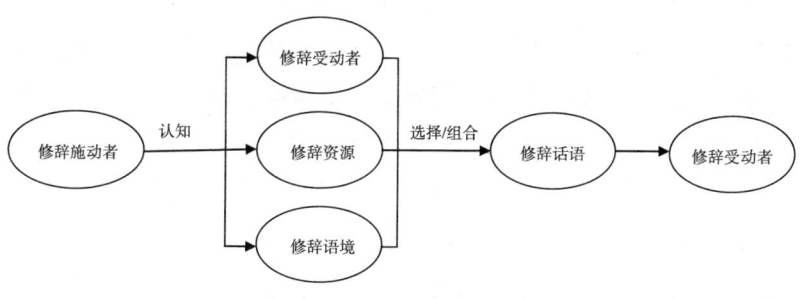

图 4-2 话语生成的认知机制

上图中,人类共通的话语生成机制(认知、选择与组合)是达成修辞目的的认知基础;修辞受动者作为施动者认知的对象,其对修辞话语的反应不断地影响到施动者,直接参与话语的建构;语境是交际场合的种种可见的具体因素,不作为本研究的重点;修辞资源则是修辞话语建构的物质保障;而生成的修辞话语不仅具有停留在"可能性"层次的修辞效力,也建构新的现实。

其中,选择与组合是人类共通的话语生成的认知机制。选择的前提是客体的多元性和连续性,因此,语言文化单位在同义修辞资源中的定位、特征及提取成为本研究的重要内容。选择的机制即施动者根据对受动者和对语境的判定，从同义序列即语义聚合轴上选取能够获得认同、具有最佳修辞效力的修辞资源，并将其外化的过程。外化的过程不仅取决于修辞资源的丰富性和修辞的个性化机制，还取决于具体语境和施动者的个体性。

从过程上看，修辞资源外化的前提是内化，即修辞主体只有在将一定的修辞资源内化为个人的修辞资源之后，才能为修辞施动者使用，参与修辞话语的建构，即将其外化。由此，可将修辞资源进行如下划分：内化之前的称作社会修辞资源，内化之后的称作个人修辞资源。其中，社会修辞资源是具有广泛社会认同的修辞资源，具有恒常性和延续性、共通性和积累性，是特定文化群体长期历史文明的积淀。随着个人主体体验的不同，不同主体选择的修辞资源以及内化方式也各有不同，在修辞过程中表现出个性。人生活在语言构建的现实中，因此，无论是修辞资源，还是同一民族社会共同体成员内在选择修辞资源以及内化方式上都存在民族共性。这也是我们进行研究的理论前提。社会修辞资源与个体修辞资源这两个系统都在不断发展变化，且相互作用、互为补充。其中，社会修辞资源的演变是缓慢而有序的，且具有鲜明的民族特征和时代特征；而个人修辞资源则由于语境、施动者的个体性和创造性可以产生活跃的变化。随着个人体验的增加，社会修辞资源会进入个人修辞资源，而个人修辞资源的创造性发展一旦为社会所接收和传播，也为社会修辞资源补充了新鲜血液。这也恰恰体现了修辞促进语言创新发展的机制。

需要指出的是，个体的复杂多样性赋予修辞活动以不确定性和开放性，这也正是推动语言创新和发展的内在动力，因此，不管是具体交际话语还是社会修辞资源，都深深烙下了个体性的印

第四章 语言文化单位的言语层阐释：生成与理解

记。虽然不同的修辞主体在选择组合修辞资源时体现出纷繁多样的个人喜好和习惯，但是这种差异过于繁琐和细微，无法对其进行穷尽式的研究。然而，同一文化群体内的成员的个人喜好和习惯，甚至于社会修辞资源都体现出相对统一的个性，如此也印证了"个人的才是民族的，民族的才是世界的"这句著名论断。这一民族个性特征不仅参与了现实构建，而且对修辞话语的构建起到了根本性的决定作用。语言文化单位正是民族个性的集中体现，对其使用模式的研究可以更好地揭示民族文化以内的个性化思维模式。

语言文化单位是"蕴含民族文化含义，能够引起特定民族情感和价值评价，促进文化认同实现和价值观归纳、传播的修辞资源"，具有超个性、先例性、结构相对固定性、民族文化语义定型性和情感性。因此，语言文化单位可视作是具有整体性的单位，言语文化单位生成的认知机制主要体现为施动者通过对受动者和语境的认知，从民族文化同义序列中选择语言文化单位，内化为个人修辞资源。此时，选择的前提是对语言文化单位的认知，是对包括个人所具有的全部相关单位的认知，并能对这些单位具有意义、情态、程度等方面差异的区分，这也使得客体多样化成为选择的必要前提。

在第三章中，我们把具体修辞过程中语言文化单位的使用分为常规使用和非常规使用两种情况。如果说语言文化单位的常规使用是社会修辞资源的常规外化，那么它的非常规使用则是对社会修辞资源的非常规外化，即个性化、创造性的发展。研究言语文化单位的生成机制就是研究语言文化单位的内化机制和创造性发展机制。由此，下文从言语文化单位的常规生成和非常规生成

(转用)分别加以阐述。

4.2.1.1 常规生成

言语文化单位的常规生成即语言文化单位的常规使用。此时,言语文化单位在形式和语义上与相应的语言文化单位基本一致。根据本研究第二章(2.2 和 2.3)对语言文化单位形态系统和语义系统的分析,可以得出,其在形态上主要集中在词位层、句位层和超句位层;在语义上可按照二级符号系统划分为表层和深层两个层级。

修辞具有认知性,人生活在语言构建的修辞环境中,并自觉不自觉地寻求认同。寻求认同的途径是进行对话性的认知,体现在施动者和修辞资源之间、施动者与受动者之间、施动者与具体交际情境之间。因此,语言、受动者、具体交际情境成为制约施动者进行修辞实践的最主要因素。首先,施动者的个人修辞资源中必须含有语言文化单位,才能自如使用;其次,施动者通过对语境的认知,认为适合使用语言文化单位;再次,施动者通过对受动者的认知,认为受动者的个人修辞资源中也含有该语言文化单位。这是施动者使用语言文化单位之前的认知结果和前提。可以说,语言文化单位的使用对施动者提出了更高的能力要求。在此前提下,施动者根据具体语境,以及对同义聚合体的掌握,从中选择自己认为最有表达效力的语言手段——同义主导单位或语言文化单位。语言文化单位和同义主导单位相比,具有深层伴随意义,即文化伴随意义和修辞意义。因此,施动者从同义聚合体中根据交际目的的需要选择出具有文化属性的语言文化单位或一般语言单位,不仅反映了他对受动者和语境的认知,也体现了从

修辞意念到语言凝聚在文化和情态层次的认知和加工过程,即从同义主导单位到语言文化单位。例如:

(1) Порывистый Вадим Ковальский — **важный человек**, хормейстер, занят мужской группой. (Народное творчество. 2003-08-18)

译文:性格冲动的瓦吉姆·科瓦利斯基是个<u>重要人物</u>,负责男声部分的合唱团指挥。

(2) — Куда он едет?

— Кажется, в Париж или Лондон.

— Гм! ...Значит, **важная птица**? (А. П. Чехов. Лев и солнце)

译文:

—他去哪儿?

—好像是去巴黎或是伦敦。

—哼!……这么说,还是位<u>要人</u>了?

上述例句中,句(1)使用的是文化同义序列中的主导手段"важный человек",句(2)使用的是语言文化单位"важная птица",即进行了文化加工,更有效地表达了作者讽刺、戏谑的主观情态。

施动者选择语言文化单位的过程通常是无意识的,但也存在有意识运用语言文化单位的情况,目的在于凸显其深层文化伴随意义,从而达到文化认同功能。例如:

(3) Ссылаясь на древнюю китайскую мудрость о том, что

"Не бывает, чтобы корень был не прочен, а ветви выросли могучими", В. Путин сказал... (http://www.russian.xinhuanet.com)

译文：普京引用中国古代名言"根深则叶茂"，说道……

2007年3月26日，俄罗斯"中国年"开幕式在莫斯科克里姆林宫大礼堂举行。俄罗斯总统普京在开幕式上致辞，引用了中国古代名言"根深则叶茂"，不仅体现了其对中国文化的了解，更拉近了与中国之间的距离，加深了"中国年"的"中国味"。

（4）伟大的俄罗斯作家列夫·托尔斯泰曾说过："**正确的道路是这样的：吸收你的前辈所做的一切，然后再往前走。**"中国有句古话："以史为镜，可以知兴替。"让我们站在新的历史起点上，继往开来，携手奋进，共同开创更加美好的明天！

这是2009年10月13日晚，中国国务院总理温家宝与俄罗斯总理普京在北京人民大会堂，共同出席中俄建交六十周年庆祝大会暨中国"俄语年"闭幕式时的致辞部分。温家宝在回首中俄关系的历史时，引用了俄国伟大作家列夫·托尔斯泰的名言"Правильный путь таков — усвой то, что сделали ваши предшественники, и иди дальше"，并将其与中国古句"以史为镜，可以知兴替"对比，体现了其对俄罗斯文化的了解，拉近了中俄两国文化的距离。

有时，文化素养较高的人常在文中引经据典来增强其论点的可信性，甚至对它加以注释，以得到认同和尊重。举例来说：

（5）Но я стараюсь на самом деле не форсировать

第四章 语言文化单位的言语层阐释：生成与理解

события, **вода и камень точит. Тише едешь, дальше будешь**. [Женщина + мужчина. Психология любви (форум) (2004)]

译文：不过，我其实尽量不催赶事情的进度，<u>水滴石穿，宁静致远</u>。

上句中，"Тише едешь, дальше будешь"（水滴石穿，宁静致远）和前面两句在语义上形成递进的关系，体现了作者坚定的态度，让读者更加相信其真实性。

（6）Не любит — значит не любит, **насильно мил не будешь**. [Женщина + мужчина. Психология любви (форум) (2004)]

译文：不爱就是不爱，<u>强扭的瓜不甜</u>。

例句中使用了"насильно мил не будешь"（强扭的瓜不甜）这一语言文化单位，通过其本身蕴含的民族集体智慧和形象语义，加强了语句本身的劝说力和可信度。

综上所述，语言文化单位的使用首先是与创造这些语言单位的"他人"的对话，与使用它们的原始语境的对话。也就是说，修辞主体在对言语进行构建之前，经历了一个与"他人话语"的对话－认同过程。其次，认知语言学家斯珀伯（Sperber）和威尔逊（Wilson）认为，成功交际的关键在于说话人和听话人能否找到最佳关联。而一个话语要建立起最佳关联，必须具备如下两个条件：话语能够产生足以引起听话人注意的效果；该话语让听话人为取得这些效果而确实付出了一番努力。（赵艳芳，2001：179）修辞施动者在构建话语之前，都希图建立与对方经验世界

169

的最佳关联，而"他人话语"正是提供了这样一个缓冲地带。说话者通过自身经验将言语意图转换为最直接的语言表达方式，然后通过与他人言语库进行对照，从中搜索和提取最具有修辞效力的言语表达方式。语言文化单位具有复现性和整体性，显然容易引起受动者的注意；语言文化单位具有先例性，因此，言语文化单位的生成即知识向意义的转化，可以激发受动者的联想机制，产生特定的民族情感和价值评价。

4.2.1.2 非常规生成

言语文化单位的非常规生成即语言文化单位的非常规使用。此时，修辞施动者对语言文化单位进行意义和结构的偏离，构成新的形态语义统一体，目的在于争取言语交际的优化效果。例如：

（7）Белеет парус одинокий

В тумане моря голубом.

Что ищешь ты в краю далёком?

К нам приходи—мы все найдём!

——"Алые паруса вояж" (Туризм и отдых, 08/2002: 273)

译文：

在那大海上淡蓝色的云雾里，

有一片孤帆儿在闪耀着白光！

它寻求着什么，在遥远的异地？

到我们这儿来，一切都会寻到！

文中引用俄罗斯著名诗人莱蒙托夫（М. Ю. Лермонтов）的

第四章 语言文化单位的言语层阐释:生成与理解

诗歌代表作《帆》(«Парус»)的第一段,并根据实际需要进行转用,将"Что кинул он в краю родном"(它抛下什么,在可爱的故乡)改成"К нам приходи—мы все найдём"(到我们这儿来,一切都会寻到),巧妙地吸引了读者的注意,同时优雅地表达了旅行的惬意。

(8) **Все дороги ведут к коммунизму**. (Маяковский. Коммунисты, все руки тянутся к вам)

译文:<u>条条大路通共产主义</u>。

上句中,诗人马雅可夫斯基有意修改了俄罗斯人耳熟能详的谚语"Все дороги ведут в Рим"(条条大路通罗马),增强了诗句的表现力和说服力。

在认知机制上,施动者不仅受限于自身的修辞资源,其对语言文化单位的选择、加工和调整也建立在对语境和受动者的认知上。也就是说,选择的前提和言语文化单位的常规生成是一致的。所不同的是,言语文化单位的非常规生成不仅体现了施动者对语言文化单位的掌握,和它的原始使用语境之间的对话,还在客观上体现了施动者的个性和文化现实的变化,带动语言的发展,构建新的现实。如果说常规生成有时是施动者在潜意识的情况下完成的,那么非常规生成则无疑是有意识的修辞活动。因此,在言语文化单位的非常规生成时,修辞意念的言语凝聚不仅体现了修辞施动者寻求认同的意向,还体现了他如何对修辞意念的文化和情态加工,甚至不断地刷新修辞资源,以赢得刺激受动者审美感觉的优化效果。

和常规使用时不同的是:从语言文化单位到言语文化单位的

转化在形态语义上构成了一定程度的、在可辨认范围内的偏离。那么，从认知层面看，这种偏离遵循怎样的认知机制呢？先从下面几个例子说起：

（9）**Лучше пиво вруке, чем девица вдалеке**. (http://www.anekdot.ru)

译文：远处的美女不如手中的啤酒。

上句是一则啤酒广告，对语言文化单位"Лучше синица в руке, чем журавль в небе"（天上的仙鹤不如手上的家雀）进行了转用，制造了幽默风趣、新奇别致的意境。

（10）**Рыба ищет, где глубже. Ракишев – где надежнее**. (http://www.caravan.kz)

译文：鱼往深水游，拉基舍夫往可靠的地方走。

上句中对语言文化单位"Рыба ищет, где глубже. Человек — где лучше"（鱼往深水游，人往高处走）进行了删减，从变体到常体是完全可以轻易辨认的。

上例中，修辞施动者是在自身修辞资源中选择"Ученье — свет, а неученье — тьма"这一语言文化单位，并在认知语境和受动者后，认为适合使用的前提下对其做出加工、调整，选取了切合语境的上半段，受动者可以轻易辨认出语言文化单位的原形，就能体会到施动者意图制造言简意赅的修辞效果和感染力。可见，语言文化单位本身蕴含的动态修辞过程，为激活情态因素、意义因素等相关因素提供基础；非常规使用对常规语言文化单位的偏离具有两个方面的意义，一是造成言语新奇感，二是搭建描写目标与原始语言文化单位之间的心理桥梁,在原参照系内完成对新事物的认知与评价。

言语文化单位在非常规生成时,以"可辨认性"为原则,以"相关性"和"相似性"为运作基础。此时,言语文化单位"旧瓶"装"新酒",虽然形式或(和)语义已发生变化,但仍然在可辨认范围内保持着原语言文化单位的形式。所以,当人们品尝新酒时,仍然能够触发对旧酒的联想并能够品味到旧酒的味道。

需要指出的是,语言本身在修辞活动中并不完全是被动的对象,创造活动实际上是使用者和语言相互作用的过程。非常规使用语言文化单位生成的言语文化单位构建新的现实,进而影响使用者的世界图景。正是在不断否定旧我的过程中,修辞获取新的生命,而否定旧我的动力则在于社会文化的发展和人类自身不断创新的认知本性。

综上所述,语言文化单位具有结构的相对固定性和意义的完整性,相比同义主导词更容易引起读者的注意。因此,施动者常规使用语言文化单位的过程是对修辞意念(相当于同义主导词的意义)的文化和情态加工,非常规使用时坚持可辨认原则对其进行进一步的加工,通过引发受动者特定的民族情感和价值评价,激活受动者的联想机制。良好修辞效果的获得有赖于引起受动者的注意力并激活其联想机制。

4.2.2 个性化机制

世界上没有无缘无故的爱和恨,任何人都不可能摆脱主观的情感而表现出完全的客观。在社会生活中,人对社会的聚焦点因注意点和知识辖域不同而不同,形成了不同的个性心理和思维定势,造成了思想的多样化和表达的个性化。同时,生活环境的局限性、接触的事物及人的精力的有限性使人的知识结构呈现出不完整性,从而产生某类知识储备贫富分化的现象,使人对某些事物表现出茫然并在某些方面表现出先天不足。个性是一个人稳定的心理素质,它决定人对现实的态度、趋向和选择。(孙汉军,2006)一个人个性的形成是其生存的地域条件和生活方式使然。个性是一个复杂的系统,它由生理条件、心理特征、意识形态、思维方式、职业特点、智力水平、兴趣爱好等多个分系统构成,其构成要素的任何一点与众不同都会使个性与他人不同。从这个角度上讲,世界上不存在个性特点完全相同的人。根据统辖范围,可将个性分为群体个性和个人个性。其中,群体个性包括人类个性(区别于自然界的其他生物)、民族个性(区别于其他民族)、职业个性(区别于其他职业)等;而个人个性则体现为个体的能力和喜好。但是,研究的局限性和研究者精力的有限性,决定我们不可能对每个人进行个体研究,只能在必需的时候对个人进行个性分析。本节重点所研究的不是个体个性,而是修辞的个性化机制。

个性化是修辞的运作动力。巴赫金指出:个人的话语就是他的生存形式。人作为认知主体,必然会把他的主观意念带入客观的知觉和思维过程之中,在言语中体现个性。在生成过程中,言语不仅体现了修辞主体本身固有的个体个性,更体现了他对个性化的追求。个性化强调了人的能动性和创造性,对某些修辞资源的掌握、习惯和喜好等。追求个性化是人的本质,修辞是人的存在方式。因此,修辞"本质上是创新、求异的思维品质,是个性化、意图化的认知方式,是载意、求效的行为过程,是优化的、

第四章 语言文化单位的言语层阐释：生成与理解

智慧化的生存运作"（张宗正，2004：50—53）。可见，修辞现象的本质不在语言层面，而是在思维层面，在认知层面。修辞的本质属性是认知性，并具有语言创新的功能，即语言结构是通过修辞由创新向常规发展的循环过程。

具体到语言文化单位，其常规使用通常是无意识的，可以视作民族个性的规约，是一种对话语的审美设计，是对常规语言的一种语义加工和理性重构。当然，施动者也会因个人能力和喜好的不同而选择使用或不使用，或使用不同的语言文化单位。非常规使用时，则通常是有意识的精神个性的作用造成对规范的适度偏离，对语言共性的合理冲撞。

此时，生成的话语带有较重的个人个性色彩，尤其是在代换可替代的主题时，甚至在有些时候被界定为"语言游戏"，例如：

（11）**Франклин и теперь живее всех живых**. (С. Г., 1999, №12)

译文：<u>富兰克林至今仍比所有活着的人更有活力</u>。

（12）**Стабфонд — живее всех живых**... Решение правительства не хранить все деньги «в одной корзине» было вполне логичным. (http:// www.rosbalt.ru)

译文：稳定基金<u>比所有活着的人更有活力</u>。政府做出不将钱放进"一个篮子"的决定是完全合理的。

上述两个例句都是对"Ленин и теперь живее всех живых"（列宁至今仍比所有活着的人更有活力）这一语言文化单位的非

175

常规使用，不仅增强了言语的表现力和感染力，还体现了对传统的感性叛逆。

再如，目前盛行的山寨文化体现了国人个性化意识的觉醒和对传统、正统的感性叛逆和颠覆。在我国青年一代中盛行的网络恶搞：胡戈由电影《无极》而创作的《一个馒头引发的血案》、由 007 系列创作的《007 大战猪肉王子》等，迅速在网络走红，甚至成为一种文化现象。

4.2.3 审美机制

审美力是人类不可或缺的一种能力，正如洪堡特所说："没有它，任何精神文化都会黯然失色，趋于灭亡；没有它，科学研究即使尚能保持敏锐的洞察力和深邃的思想，也会失去精微、优雅和应用上的效应。"（转引自姚小平，2000：31）美的概念含义可以从主、客观两个方面来理解：物象本身具有客观的美，人对之加以鉴赏，于是形成主观的美（感）。

修辞的过程是人对世界的审美过程，而只要人对世界的认识进入审美境界，世界便具有了修辞化特征，其理解和表述也都必然是修辞化的。修辞使现实世界在言语中成为审美世界，使之深深地植入人的意识，成为主体认识世界的一种方式，即人存在的标准。修辞是关于话语好不好的学科。好的话语是言语的审美化，是对语言的审美建构和理解。修辞解决的正是话语的审美建构及心理认同与接受，其运作方式是对话性原则，高举的是以接受为本的大旗。因此，可接受性是好的话语的重要标准。任何有效的交际话语都是从深层的意图与思想到表层的话语转换的审美设计。修辞活动是"交际双方共同创造最佳交际效果的审美活动"(谭学纯等,2001:97)。孙汉军教授认为,修辞的一般美学机制是合理产生美、适宜产生美和距离产生美和变化产生美。(孙汉军,2009)下文将言语文化单位在这4个审美层次的具体体现阐述如下:

合理产生美:施动者正确把握和选择修辞资源,是实现最佳修辞效果的基础。这种选择的合理性在于所选修辞资源与情境和题旨的匹配得当,在于对自身社会角色及角色关系的把握得当,在于修辞手段和方式运用与配置得当。所有的有效话语都是合理的修辞,而不在于是否动用了多少语言手段。因人而异,只要符合上述前提的修辞就是合理的,而合理的就是美的。

具体到语言文化单位,施动者需要正确认知并把握修辞资源,正确认知并把握具体情境和题旨、正确预测并把握自身角色和角色关系,这是合理使用语言文化单位的前提。此外,语言文化单位的完备信息也是必不可少的。施动者信息不完备会造成语言文化单位的误用,而受动者如果信息不完备就会造成对言语文化单位的解读偏离。

(13) Такие вещи приходится слышать, что просто диву даешься; знаете ли, есть крылатое слово: **век живи — век учись**; я, как попал в монастырь, особенно глубоко стал эту пословицу чувствовать. [А. Д. Скалдин. Странствия и приключения Никодима Старшего (1917)]

译文:这种事情也能听到,真是怪事。要知道,有句成语叫:<u>活到老,学到老</u>。我一到修道院,就特别深刻地体会了这句话。

例句中，说话人在描述自身感受时，合理使用语言文化单位"век живи — век учись"，不仅形象地表达出内心的感受，还加强了话语的说服力。

（14）Петя **в поте лица** своего соображал, как ему соединить провода, чтобы не наделать ошибок. (Бахтин. Юность пришла)

译文：别佳苦苦地思索如何接线，才能少出差错。

上句中，作者用"в поте лица"（满脸汗水）喻指"紧张地、辛苦地"，不但契合语境，还增强了语句的表现力和形象性。

适宜产生美：集中体现了修辞的对话性原则和以接受为本的原则。任何修辞活动都以对方的心理期待和心理认同为坐标，以打通对方的心理防线为牵引，以对方受到心理感染为期待。接受既是修辞的指向，也是修辞活动的前提。修辞产品只有在有效的修辞消费中才能获得自身的价值。话语的修辞美体现为符合受动者的心理需要，能得到受动者的心理认同，满足其心理期待，能使其得到美感等。缺少受动者审美认同心理的有效介入，任何修辞话语都是徒劳的。因此，修辞话语的审美建构以适宜受动者心理为目的。

具体到语言文化单位，施动者需要正确认知受动者心理和统觉背景，在受动者可以理解的语言文化单位中选用符合其心理的单位，以达到使受动者正确理解其意图的目的。尤其是在非常规使用时，即有意识地对语言文化单位进行加工，更需以可辨认性为前提。合理把握偏离的度，是达成修辞效果的关键。

第四章 语言文化单位的言语层阐释：生成与理解

(15) — Уж если делать, то до конца, — сказал Женя. — Знаете пословицу: «**Кончил дело — гуляй смело**». Пришлось нам вернуться и засесть за задачу. [Николай Носов. Веселая семейка (1949)]

译文："既然开始做了，就要做完，"热尼亚说，"有句谚语说'<u>事毕一身轻</u>'，咱们必须回去，安心做事。"

上述例句中，说话人在劝说听话人时，从听话人的角度出发，使用语言文化单位"Кончил дело — гуляй смело"（事毕一身轻），加强了话语的说服力。

(16) Может быть, Семен и не думает того, о чем думает она? Ведь он всегда такой: неулыба. И, обмолвись она словом оправдания, он скажет: «Что? Или **на воре шапка горит**?» А в чем могла она упрекнуть себя? (http://slovarick.ru)

译文：也许，谢苗就没有想过她在想什么？他就是那么一个难得露出笑脸的人。而且，只要她偶尔说一句辩解的话，他就会说："什么？这是不是<u>做贼心虚</u>？"而她自己有什么不对的呢？

上述例句使用了语言文化单位"на воре шапка горит"（小偷的帽子着火了，指自己感到有罪过的人会不自觉地以自己的行为暴露出自己），贴切语境，生动委婉，增强了话语表现力。

距离产生美：施动者通过对修辞意念进行文化和情态加工，制造语义距离和理解阻力，以达到最佳关联和修辞效果。距离太近的话语就会过于直白，没有表现力；而距离太远的话语则过于费解，没有吸引力。合理适中是修辞学追求的最高境界。因此，

179

距离产生美是以"合理产生美"和"适宜产生美"为前提的。

语言文化单位常规生成时,在生成的言语文化单位和民族文化同义主导手段之间造成语义距离,拉长了受动者的审美和理解过程,制造出各种修辞效果。(参见3.3.3)

而在非常规使用时,施动者对语言文化单位进行重构,使其偏离常规,朝着受动者意想不到的方向滑动,生成的言语文化单位和语言文化单位之间形成互文-对话,在形式和(或)语义都对受动者形成理解阻力和修辞距离,产生陌生化的间离效果,才能增强言语表现力和感染力。相比较常规使用时与其所在民族文化同义序列的中性主导单位之间产生的一级语义落差,非常规生成的言语文化单位和语言文化单位之间,以及语言文化单位和其所在民族文化同义序列的中性主导单位之间存在两级语义距离。因此,其造成的语义距离和审美过程更长,修辞效果自然更加显著。

需要指出的是,此处所说的审美距离和心理距离不同,合理适宜的修辞是话语功能的催生剂,它在拉长语义距离、制造理解阻力的同时,也在拉近交际双方的心理距离。

(17) **Двух зайцев одним выстрелом!** (http://fenix.vn.ua)
译文:<u>一箭双雕</u>!

上述例句是一句宣传电视显示器的广告词,其中使用了"Двух зайцев одним выстрелом"(一箭双雕)代指商品的两种功能,制造了一级语义落差,引起了消费者的兴趣。

(18) **Дома помогают не стены, а иностранный**

продюсер. (http://www.chas-daily.com)

译文：在家帮忙的不是墙壁，而是外国制片人。

上述例句是一篇娱乐报道的标题，内容是一名芬兰制片人在拉脱维亚和两名当地女歌手合作。通过对语言文化单位"Дома и стены помогают"（在家里，连墙壁都会帮助你）进行转用，不仅形象地描述了事件，更双倍拉长了读者的理解距离，制造了特殊的修辞效果。

变化产生美：创新求异和个性化不仅是人类的生存方式，也是修辞的本质属性和最高境界。变化产生美正是体现了修辞求异创新的本质和对现实的新建构。任何方式的交际都应该是在节奏排序、音律分布、句式搭配、整体布局、情感释放等方面形成动态的变化，造成跌宕起伏的效果，在合理适宜的张弛变化中，吸引注意力，制造合理适中的交际距离，取得交际实效。

施动者使用语言文化单位，是对修辞意念的文化和情态加工的过程，体现了一种求变的心理。尤其是非常规使用语言文化单位生成的言语文化单位，往往可以制造出鲜明的修辞效果，具有典型的研究意义。例如：

（19）**Куй железо, пока модно.**（铁制家具广告）

译文：趁着流行，赶紧打制。

上句中，言语文化单位意为：铁制家具正在流行，赶紧购买，莫失良机。不仅能够让受众轻松想到"Куй железо, пока горячо"（趁热打铁），吸引他们的注意，也表达了"铁制家具正在流行"的新内容，对消费者造成较大的吸引力。

（20）**Дома и стены не помогают**. (http://smena.ru/news)
译文：在家里，连墙壁都不帮助你。

上句是一则体育报道的标题，内容是 2012 年足球世界杯，D 组第二轮一场比赛在顿涅茨克顿巴斯竞技场展开争夺，乌克兰主场 0 比 2 负于法国，主场失利。作者总结了近几届世界杯均东道主败北的历史，将语言文化单位"Дома и стены помогают"（在家千日好 / 在家里，墙壁也能帮助你）的肯定语气转为否定，不仅切合主题，深入地表达了东道主的无奈与伤感情绪，也能引起读者的共鸣。

距离产生美和变化产生美，与最佳关联"引起注意和让受动者付出一番努力"是一致的。施动者正是通过拉长审美距离、运用变化手段吸引受动者的注意力，使其在心理空间进行联想努力，完成话语理解和审美认同。

4.2.4 心理机制

我国学者戴昭铭认为："语言中的文化心理指的是在一定的文化背景作用下群体或个人从事语言价值判断和语言选择时的心理机制。心理机制一般是隐蔽的，而选择的结果则是外显的。"（戴昭铭，1996：75）修辞的机制是施动者寻求认同的机制，其途径是与语境、受动者之间进行对话。从施动者看，其民族心理对其修辞活动有着全方位的统辖，其控制力渗透在言语交际的方方面面：动机的确定、信息的整合、词语的选择、句式的构建、语段的设置、功能的安排、效果的评价等都受民族心理的染指和操控。从受动者看，受动者参与修辞话语的建构，施动者对其心理的认知是话语建构的基本标准，目的是拉近心理距离，达到心

第四章 语言文化单位的言语层阐释：生成与理解

理认同。

具体到语言文化单位，修辞是把语言文化单位通过思维加工成言语产品的一种心理渴望和努力，是寄托并维系在对方心理认同上的一种心理预测和把握，是力求与对方心理沟通的一种心理期待与活动。言语文化单位体现了施动者心理的主观情感和评价，即施动者对语言文化单位的心理认同；同时也体现了施动者对受动者心理的认知。语言文化单位作为可以引起本民族成员特定的情感联想和价值判断的修辞资源，常规使用时可以促进文化认同，拉近同一民族成员之间的心理距离；非常规使用时，言语文化单位和语言文化单位、民族文化同义主导单位之间进一步制造语用距离，形成现实语境和原始语境的对比，虽然拉长了受动者的理解过程，却在拉近心理距离的同时创造鲜明的修辞效果。

心理距离过近时，话语既过于表面和感性，又过于直白和简单，因为交际双方过于熟悉，彼此完全了解；心理距离过远时，双方完全陌生，交际会过于谨慎和理性，致使表达过于小心和繁杂，缺少情感的参与，必然生成生硬和枯燥的话语。心理距离越小，言语的随意性和粗俗性就越大。反之，距离越远，越无话可说，也就无美感而言。合理适中是修辞追求的最高境界，也是品评修辞效果的最高标准。心理距离的远近是可以调整的，其合理性就是能针对并顺应对方的心理期待，符合时代的修辞品味，使对方乐意接受，从而达到心理认同。使用受话者熟知的语言文化单位，是用已知表未知，变陌生为熟悉的过程，在拉近心理距离上有着重要的作用。

在进行跨文化交际时，如果可以适宜地运用语言文化单位，对拉近民族情感、达到预期交际效果也有较大的促进作用。例如，英语吸收了很多汉语的表达方式，"Have you eaten the meal（吃了吗）"或"Give him some color to see（给他点颜色瞧瞧）"，听到这些表达我们会感到很亲切，因为这些说法是以汉语的语言文化单位为底蕴的。

（21）…очень увлекаюсь **ушу**, и мои дочери тоже занимаются **ушу**… (http://www.russian.xinhuanet.com)

译文：我很喜欢<u>武术</u>，我的女儿们也在练习<u>武术</u>。

这是俄国总统普京（В.В. Путин）访华，接受新华社访问时的发言部分。他用"ушу"这一为中国大众熟知的语言文化单位表示友好态度，让中国大众感受到他的亲切，拉近了双方之间的心理距离。

（22）"我想先引用两句话，一句是<u>萧伯纳说的'自由意味着责任'</u>。一句是你们美国的老报人斯特朗斯基说的'要讲民主的话，不要只关在屋子里读亚里士多德，要多坐地铁和公共汽车'。"

上文是时任中国总理温家宝在回答美国记者关于因特网审查政策的问题的发言，引用了该国的名言警句。这样的旁征博引不仅体现了温总理对美国文化的了解，并且体现了他平易近人的态度，拉近了与提问者的心理距离。

4.2.5 文化机制

文化体系不仅是一种形态体系（物质形态和意识形态），而且是一套价值系统和行为模式体系。社会文化积淀创造了人类语

第四章 语言文化单位的言语层阐释:生成与理解

言的深层模式,及其所体现的人类把握世界的方式。它以符号系统为核心,形成一种文化关联域,约束着各种具体的文化形式。从本质上看,修辞是一种文化现象,只有当它被置入社会文化的大背景中,修辞活动才能够进行。修辞学的社会性和人文性决定了它必然被放置在一定的社会文化环境中进行研究。换句话说,宏观文化语境是所有语境层面的规约力量,它不仅是修辞表达的基础,也是修辞接受的基础。

修辞受动者联想机制的顺利激活,有赖于交际主体文化统觉系统的共通性。修辞活动的深层机制是施动者和受动者主体经验世界的对接。当受动者在走近施动者时,实际上是走进了施动者的经验世界;而当受动者偏离施动者的经验世界时,就发生了修辞错位。因此,成功的修辞活动不仅在于表面上修辞信息的传输和接收线路畅通,更在于深层主体经验世界对接的成功,而成功对接的前提正是角色的正确认同。(谭学纯等,2001:407)人不仅是单个的、独立存在的,更是社会的人,处于各种社会关系中,这就为达到"认同"提供了可能。也就是说,社会文化是达到"认同"的基础。施动者的言语折射出某种态度,这种态度使他接受或否定某种观念,那么,如果受动者也随之接受或否定,一种生存意义上的认同便出现了。这一过程通常是无意识的。在这个意义上,修辞不仅要依靠逻辑的、心理的规范和标准,还要遵循主要的社会价值趋向;修辞的目的不仅要通过严谨的理性和逻辑表达来实现,而且还要借助蕴涵文化因素的民族个性的相互认同来实现。在一个民族-社会共同体内部,民族个性实为精神共性,是变化中的恒定、多样中的统一。它是一种身份、角色、归属的认同(индетификация)标记,是整合社会生活、维系社会稳定、保持民族统一、人民团结的精神纽带，具有普适性、固定性和稳定性等特征。同时它不否定个体的创造性个体特征，是为共性之中有个性。（彭文钊，2002：208）民族精神共性不仅是修辞表达的基础，也是修辞接受的基础。共同的社会文化背景是实现修辞实效的前提和基础。

  修辞的本质是认同，认同是一个人对一群人的归属，或者是成为那群人中的一员的过程。如果一个人试图通过论辩来劝说其听众，他必须根据他们的思维方式来进行。如果他试图沟通感情的话，他必须在某种程度上具有指望他的听众能够激发的感情。（胡曙中，2001：276）语言文化单位能够引起本民族成员特定的情感联想和价值判断，无论是常规使用还是非常规使用，都可以执行文化认同功能，在一定程度上促进民族文化"认同"的实现。

  同一民族社会共同体的成员具有较为一致的修辞取向，采用一致的修辞手段，选择一致的修辞内容，体现集体经验和精神文化。人们在进行修辞活动时应本着社会角色、社会关系及心理期待相一致的原则，来有的放矢地使用语言文化单位，有助于达到预期的效果。

  不同民族文化环境下的施动者也会采用较为一致的修辞手段，因为修辞手段是人类认知世界的规律性机制，但在修辞内容上却在大多数情况下会因为文化的差异而不同。比如，在形容"乘混乱之机从中捞取利益"时，俄语中使用"ловить рыбу в мутной воде"，汉语中使用"浑水摸鱼"；在形容"跟自己十分投合的人或对自己很合适的环境"时，俄语中使用"как рыба в воде"，汉语中使用"如鱼得水"，此时是基本一致的。而在形

第四章 语言文化单位的言语层阐释：生成与理解

容"事物迅速大量地涌现出来"时中俄两国人都采用比喻的修辞手段，却采用了不同的修辞内容，俄罗斯人使用"как грибы после дождя"，中国人则使用"雨后春笋"，这和俄罗斯森林盛产蘑菇、中国南方地区多竹的地域文化是分不开的；在形容"生活富裕"时，俄罗斯人使用"как сыр в масле кататься"，而中国人则使用"丰衣足食"，此时则体现了差异。不同语言的差异不仅是语音、语法和文字上的差异，还体现了生活方式、思维方法和世界观的差异。语言文化单位的非常规使用，不仅是在形态、语义上产生了偏离，同时也反映了该民族生活方式、思维方法和世界观的现状和发展。

共同理解通常建立在操同一语言的社会成员的修辞活动中，如果施动者和受动者使用的是不同的母语，则意味着共同的社会文化背景有可能消失。(谭学纯等，2001：356) 那么，修辞活动就很可能无法达到预期的效果。价值体系、价值尺度、价值观念的不同会导致信息通道不畅的排斥性接受，即心理排斥。因此，在跨文化交际中使用反映特定价值观的语言文化单位，而施动者和受动者依据的是不同的价值体系，就很可能会发生交际受阻或错位，甚至造成误解，尤其是在非常规使用时。

(23) Кате он желает **ни пуха ни пера**, что операция на этот раз даст нужный результат. (Звезда, 2001)

译文：<u>他祝卡佳成功</u>，这次实验取得圆满结果。

俄罗斯读者在看到"ни пуха ни пера"（祝你满载而归，祝你成功）这一语言文化单位时，自然而然会有效地理解作者的意图。如果直译该语言文化单位，对去参加考试或打猎之前的中国人说"祝你一根毛也打不着",却只能得到适得其反的效果;而如果在相应语境下对身在异国的俄罗斯人说"ни пуха ни пера",则会通过文化认同而拉近双方的心理距离。

(24) В поезде поручик Ржевский снял носки и повесил на сеточку. Его спрашивает:

— Поручик, вы носки меняете?

— Только на **водку**. (http://anekdots.spbland.ru/)

译文:

火车上,勒热夫斯基中尉脱下袜子,挂在网兜上。有人问他:

"中尉,你在换袜子?"

"只换伏特加。"

上述例句借助"менять"(换)的不同义项(更换/兑换),以及语言文化单位"водка"(伏特加)制造幽默,读者只有理解"伏特加"在俄罗斯文化中的特殊地位,才能体会到幽默的效果。

因此,在跨文化交际中,面对属于不同文化的受动者,施动者不仅要符合自己的文化角色,更要考虑文化差异造成的不同理解,有的放矢地进行修辞活动,以达到理想的修辞效果。在此意义上,语言文化单位不仅有重要的单语种研究价值,更具有对比研究价值。

而在翻译实践中,语言文化单位的翻译至今仍是个难题,基本属于不可译的部分。直译还是在对象语言中寻找与民族文化语义相同或相近的单位进行替代翻译,翻译界目前还在争论。这种

第四章 语言文化单位的言语层阐释：生成与理解

不可译性的深层原因是概念意义的替代过程中造成非概念意义的缺失或偏离。例如，俄语中的"Иван-дурачок"翻译成"傻瓜伊万"，并不能体现俄罗斯民族对该童话人物的偏爱；同理，汉语名著《西游记》中的"美猴王"、"猪八戒"和"沙和尚"翻译成俄语分别为"обезьян"、"свинья"和"монах"，美猴王的聪慧正义、猪八戒的憨厚可爱、沙和尚的诚实耐劳的伴随意义就荡然无存。

4.2.6 时代品味机制

科斯托马罗夫在其专著《语言的时代品味》（«Языковой вкус эпохи»）中提出了语言时代品味（языковой вкус эпохи）的概念，指语言单位的修辞色彩或修辞品味与时代同步变化发展，即时代的变化对语言的修辞色彩具有颠覆性意义和重构性效果。时代变化标志社会文化的变化和发展，而后者则是语言发展的原动力。修辞是个动态的过程，反映社会的需要、心理和审美。因此，修辞在本质上是一种文化发展现象，是在语言运用中对文化和社会情境进行的一种调适。修辞的时代品味表现为它对时代的顺应性和适应性。不同的时代具有不同的语言品味，对不同的语言单位有不同的心理感应和认同，对这些语言手段有不同的选择与配置的心理爱好与趋向，不同的社会体制也造就不同的修辞品味及修辞方式。

修辞学认为，修辞性话语的产生依赖于修辞性的情景或环境，即突变的环境往往给修辞性的话语带来契机。（常昌富，1998：11）随着社会文化的发展，民族情感和价值观念也随之发展，反映社会与某种新的心理和需要的接轨和适应。而这种改变的社会心理基础就是对已有事物产生了一定的心理排斥或是对某种与之相反的事物的认同。也就是说，长期遵循某种"规范"使社会产生了心理疲劳和压抑感之后，社会便会寻求发泄口以释放被压抑已久的心理能量并义无反顾地走向这种"规范"的对立面。这种心理使社会成员对以前的事物产生攻击性和破坏力，从过去对语言使用的循规蹈矩到现在的为所欲为，都说明这种心理能量对语言强大的解构和重构力。这在20世纪中叶西方社会出现的后现代主义思潮上得到了充分的证明。根据波琳·罗森劳（Paulin Rosenau）的观点，后现代主义在认识论上拒绝一切形而上学的理论体系，拒绝真理的绝对性和客观性，认为真理是主观的，现实是由主体建构的；在内容上采取不相信一切的态度，重新审视一切。（Paulin Rosenau，1992：17）20世纪90年代，苏联的解体加速了俄罗斯社会的转型，前期文化价值和意识形态的破灭使俄罗斯辽阔的大地成了"后现代主义最好的练兵场"。在社会急剧变化的过程中，俄语赖以存在和运作的社会空间、社会政治制度、经济体系、人们的思想意识和价值取向都发生了巨大的变革，并相应地引起了俄语的重大变化。社会的狂欢化导致语言的自由化，充分体现了张扬个性和释放情感的趋向。俄语中语言自由化导致词汇层涌现大量新词新义、外来词、随机词等。应当说，语言自由化指的是语言变化中的一种客观现象，本身并无贬义或褒义。

从语言的二级符号系统看，时代对第一层级和第二层级的结构意义影响较小，而对伴随意义（包括文化伴随意义和修辞意义）则具有颠覆性的破坏力。因为前者相对稳定，而后者反映的是社会文化附加上的非本质特征，具有联想性，也最易受社会文

第四章 语言文化单位的言语层阐释：生成与理解

化的影响。语言文化单位的非常规使用乃至其演变是最好的体现：受社会文化发展的影响，语言文化单位的伴随意义也发生变化。起初是非常规使用（运用于变化了的社会语境和内涵的变化两种情况下），如果逐渐为社会接受认可，则发展为演变；如果只是临时的语言游戏，则可能只是制造一时的修辞效果，逐渐被社会遗忘。此外，如果在修辞过程中对语言文化单位进行形态、语义上的加工（例如代换可识别的主题），则加工后的内容更加体现了语言的时代品味，并构建新的现实。例如：

（25）**Жена-еврейка — не роскошь, а средство передвижения**.（转引自刘光准，2001）

译文：<u>犹太妻子不是奢侈品，是移民工具</u>。

上句是对语言文化单位"Машина не роскошь, а средство передвижения"（车不是奢侈品，是交通工具）的改造。俄罗斯人通常是看不起犹太人的，现在能娶犹太人为妻，并不是奢侈，应该说是婚姻观念的极大变化，但其目的是有可能移民到美国和以色列。

（26）Новый русский поймал золотую рыбку, вяло повертел ее в пальцах и лениво спрашивает:

— Ну, и **какие тебе желания выполнить, золотая рыбка**?(http://fish-news.teia.org/an-gold.htm)

译文：

俄罗斯新贵抓到一条金鱼，无精打采地把玩一会儿，又懒洋洋地问道：

191

"喂，金鱼，你有什么愿望想实现？"

"золотая рыбка"（金鱼）是俄国大文豪普希金（А. С. Пушкин）的童话作品《сказка о золотой рыбке》(《金鱼的故事》）的动物形象，在俄罗斯可谓家喻户晓。童话中，金鱼可以满足人提出的各种愿望。上述例句中，作者用现代俄语对童话中原句"Чего тебе надобно, старче"（你要什么呀，老爷爷？）进行了改写。俄罗斯新贵在抓到金鱼后，不仅没有兴奋地请求金鱼实现自己的愿望，反而懒洋洋地问金鱼有没有需要自己帮助实现的愿望，形成了大众心理预期的强烈反差，具有强烈的时代特征和讽刺效果。

语言文化场的开放性同样体现了时代品味原则。无论是变旧退出，还是新的单位进入，都具有鲜明的时代特征。正如我国著名修辞学家王希杰所说："新奇求异原则贯穿在交际活动的始终，是许多修辞技巧产生和运用的重要基础。这是对常规的超越和突破。词汇系统的词语缺少了新鲜感，于是就去临时性地创造出一些新的词语和表达方式。具有新奇性的词语和说法才能流传得迅速而广泛。"（王希杰，1996：162）

4.3 言语文化单位理解的深层机制

4.3.1 认知机制

只有表达没有理解，只有编码没有解码，不是完整的修辞过程。完整的修辞活动是由编码和解码，即话语的生成和理解两个可逆的部分构成的。修辞活动是言语交际双方共同创造最佳交际效果的审美活动。表达者对言语的选择组合、加工和调整，固然

第四章　语言文化单位的言语层阐释：生成与理解

是为了争取言语交际的优化效果，但表达者的言语行为只存在于编码活动中，而修辞效应产生于解码活动中。只有受动者有效理解了修辞话语，修辞效应才能从"可能性"转化为"现实性"。受动者收到语码的最初反应不是立即解码，而是通过认知施动者和语境，联想回溯至自身修辞资源，从中进行搜索和确认，进而对施动者的言语含义进行判断。如果受动者检索成功，那么受动者对接收的语码进行解析，先了解其语言意义，然后结合自身经验体系对其话语含义进行认同。如下图所示：

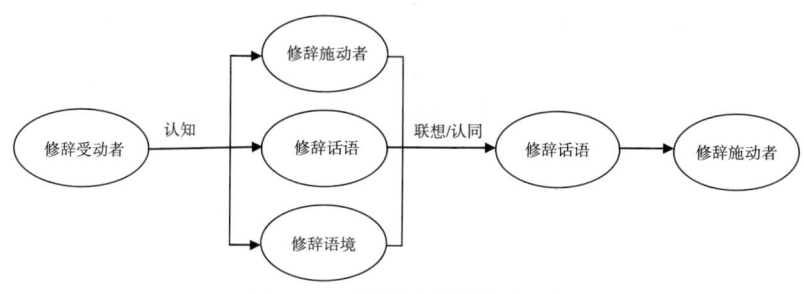

图 4-3　话语理解的认知机制

上图中，共通的话语理解机制（认知、联想、认同）是达成修辞目的的认知基础。修辞表达完成后，留下物态化的句子或话语，这是施动者建构的最后的物质现实，也是受动者面对的第一现实。受动者需要从这第一现实开始建构自己的心理现实，以此去接近施动者心理现实中那个意象化的审美结构。（谭学纯等，2001：93）在具体的修辞过程中，受动者作为修辞主体，和施动者一样，也处在寻求认同的情境中。寻求认同的途径是对话，体现在受动者和话语之间、受动者与施动者之间、受动者与具体交际情境之间。语言形式是知识物质化的重要符号手段，在交际过程中知识向意义转化并由意义传达意图。

不过，修辞理解具有很高的自由度，这给修辞接受提供了丰富的可能性。修辞接受并不完全等于语义理解，修辞阐释不是释义。语义理解可以成为修辞接受的基础，却不能保证有效地调动受动者的经验库存，激活审美创造。成功的修辞交流，是推倒阻隔施动者和受动者的修辞之墙，在走近施动者的同时，受动者也经历一个证明自己、开发自己的过程。（谭学纯等，2001：277）如果说话语生成时受动者的参与是被施动者被动认知的，那么他在形成新的接受规范上却扮演着创造性的角色，并通过对接受规范的创新主动地参与了话语的建构。

具体到言语文化单位的理解，则是受动者通过对施动者统觉背景和语境的认知，从言语文化单位入手，通过言语文化单位对语言文化单位表征的事物和现象的接受过程，包括对生成语言文化单位的先例话语的辨认、联想与回溯。在此基础上，受动者对施动者的认识、评价与意图达成理解，将修辞效果的"可能性"转化为"现实性"。从信息量的角度看理解是话语信息的扩张过程。受动者自身具备的修辞资源即语言系统构建了他所生活的现实，对修辞话语的理解起到了根本性的决定作用。因此，在理解过程中，受动者统觉基础的复杂多样和语境的千变万化赋予了修辞接受丰富的可能性。

对于语言文化单位常规使用生成的言语文化单位，受动者理解过程是从言语文化单位入手，并产生相应语言文化单位引发的特定的民族情感和价值评价。而对其进行非常规使用时，修辞的创新本质诱使施动者挣脱旧有规范，往往能够唤醒受动者新的潜能，表现为受动者的思维空间不断被打开。受动者相对稳定的心

第四章 语言文化单位的言语层阐释：生成与理解

理结构，因为不断受到新刺激而得到改造，新的接受表象逐渐形成并重新趋于稳定。当新形式、新风格重新成为受动者表象储存的一部分时，新的接受便成为可能。（谭学纯等，2001：318）

需要指出的是，和言语文化单位生成时一样，受动者有效理解言语文化单位的前提是他的个人修辞资源库内具备相应的语言文化单位。而对于非常规生成的言语文化单位，则对受动者提出了更高的要求，即从变体到常体的推导联想过程。如果受动者无法追溯到语言文化单位，那么言语文化单位所产生的修辞效果就会变得单薄。例如：

（27）Я знаю, что на кинотрюках ты **собаку съел**. [Николай Шлиппенбах… И явил нам Довлатов Петра // «Звезда», 2003]

译文：我知道你<u>精通</u>电影特技。

上述例句中使用了语言文化单位"собаку съел"，直义是"吃了条狗"，转指"熟练、精通、内行、擅长"，读者在理解的过程中，由转义追溯到直义，方可体会到作者生动而幽默的表达；反之，则会造成交际障碍。

（28）Вы тянетесь к свету, потому что вы учитесь, а **ученье — свет**. (Г. Г. Белых, Леонид Пантелеев. Республика ШКИД)

译文：你向往光明，因为你在学习，要知道<u>学则明</u>。

上句中对语言文化单位"Ученье — свет, а неученье — тьма"（学则明，不学则暗）进行了删减，选取了切合语境的上半段。读者在理解的过程中，只有从变体"Ученье — свет"追

195

溯到它的常体"Ученье — свет, а неученье — тьма",才能完全体会到作者的用意。

4.3.2 个性化机制

伽达默尔指出,理解不只是一种复制的行为,而始终是一种创造性的行为。(伽达默尔,2004:383)受动者在理解话语时,虽然遵循一定的认知、心理、审美、文化和时代品味的机制,但修辞接受究竟选择什么样的角度作为话语理解的入口,取决于受动者的解码能力、话语性质和接受语境等(即话语内和话语外接受语境)。因此,就具体的受动者而言,每一个人都具有个体的不可重复性和统觉基础。即便是生活在同样环境中的人,也会因为对环境的理解能力和生活经历不同而对同一话语有着不同的阐释。正如让-保罗·萨特(Jean-Paul Sartre)所说:"想象的活动是一种变幻莫测的活动。它是一种注定要造就出人的思想对象的妖术,是要造就出人所渴求的东西。"(萨特,1988:192)

因此,人的个体性和解释的自由度给修辞接受的丰富性提供了可能,也为修辞接受的不确定性提供了理据。不过,解释的自由性并不影响其相对确定性,因为从本质上说,人是一种社会存在,在最终的意义上,受动者仍然是社会的人。

在对语言文化单位的理解上,受动者也同样遵循个性机制。比如,鲁迅曾说过,一千个人看《红楼梦》后得出一千个"林妹妹"的形象,可见,同样话语的解读过程中体现出极强的个性特征。个性化不仅体现个人修辞能力和审美取向的不同,还体现人类创新求异的本质属性。目前,解构主义的盛行正体现了这一点。越来越多的大众传媒对经典进行的重新解读甚至颠覆不仅反映了社会文化的发展，也反映了受动者求新求异的本性。

（29）**Пролетарии всех стран, соединяйтесь!**
译文：<u>全世界无产者，联合起来</u>!

上述例句是苏联时期的著名口号，是无产阶级解放运动的一个战略口号，也是苏联国徽上的格言。目前，不同的人群对其会有不同的理解，比如怀旧的老一代人会有亲切感，而追求新潮的年轻人则完全不会有这样的感觉。

（30）Напомним, москвичи хотят переселить жителей **хрущоб** 18-го квартала в новые дома по соседству — в 31-ый квартал южнее реки Волковки... (Комсомольская правда. 2004-03-25)

译文：要知道，莫斯科人希望将18街区<u>老公寓房</u>的居民迁居到不远处沃尔科夫卡河以南31街区的新房里。

上述例句中出现了语言文化单位"хрущоб"（赫鲁晓夫楼），随着时代的发展变迁，大众对其理解也发生了变化：从苏联时期炙手可热的公寓楼到如今泛指所有造价低廉、质量一般的公寓楼。因此，读者在理解的过程中，受到语言文化单位本身的影响，对18街区的居民予以同情和支持。

4.3.3 审美机制

审美是修辞的本质属性之一，修辞话语体现了人和对象世界的审美关系。参照孙汉军教授的观点，本研究在3.1.2中将修辞话语生成的美学机制分为4种，即合理产生美、适宜产生美、距离产生美和变化产生美。其中前3种通常是同时作用的,而变化产生美体现的是修辞主体发挥主观能动性适度偏离规范的情况。生成和理解是一组可逆的过程,因此在言语文化单位的理解中,应该关注这些具有"可能性"的"美"如何获得"现实性"。本研究参照这4种机制进行阐述。

合理产生美:受动者在认知语境和施动者的基础上,合理而有效地理解话语,是实现最佳修辞效果的基础。这种理解的合理性在于对自身社会角色及角色关系的把握得当,对修辞语境以及施动者的合理评估。

(31) А в Россию не поеду, там шахматы, балет и «**черный ворон**»… Ты любишь шахматы? (Сергей Довлатов. Наши)

译文:我不会去俄罗斯,那儿有象棋、芭蕾和"<u>黑乌鸦</u>"……你喜欢象棋么?

上文中用"черный ворон"代指"凶恶的敌人",借对动物的厌恶表达了作者对敌人的厌恶之情。理解过程中,具有相关统觉背景的受动者接收到了施动者发出的信息,从而实现交际效果。

(32)"我们也知道艰难的,但俗语说的'<u>瘦死的骆驼比马还大呢</u>'。凭他怎样,你老<u>拔根汗毛比我们腰还壮呢</u>。"(《红楼梦》)

上句是《红楼梦》中刘姥姥对凤姐说的话,尽管她使用的两个语言文化单位"瘦死的骆驼比马还大"和"拔根汗毛比腰还

第四章 语言文化单位的言语层阐释：生成与理解

壮"含有粗俗和贬义成分，但是由于凤姐对刘姥姥卑微身份的合理认知，忽略了其粗俗成分，而接受了其奉承的涵义，结果给完二十两银子后，凤姐毫不吝惜地又拿出一吊钱来。

适宜产生美：体现了修辞的对话性原则和以接受为本的原则。修辞话语的审美建构以适宜于受动者心理为目的，受动者在理解时将这种适宜由"可能性"转化为"现实性"。反之，如果修辞施动者在构建话语时没有考虑到受动者的心理，则会产生反面的效果。

具体到言语文化单位，受动者应当具有理解言语文化单位的能力，即可以正确理解施动者的使用意图。尤其是在非常规使用时，有辨认言语文化单位的接受能力。

（33）Стена является символом Китая. Надпись **Мао Цзе Дуна**, сделанная у входа в отреставрированную часть, гласит: «Если ты не побывал на Великой Китайской Стене, ты не настоящий китаец». (http://www.coral.ru/main/china/chinaexcursion.aspx)

译文：长城是中国的象征，修复部分的入口处镌刻着<u>毛泽东</u>的题词："<u>不到长城非好汉</u>。"

上述例句是俄罗斯旅游网站对中国长城的宣传，适宜地提到中国领袖毛泽东及其名句"不到长城非好汉"，以其知名度及话语来影响读者，增强长城的旅游效应。读者在理解的过程中，会受到这些语言文化单位的影响，对长城心生向往。

（34）鲁智深道："俺不看长老面，洒家直打死你那几个**秃**

驴!"(《水浒传》第三回)

上述例句中,鲁智深本来是要给长老面子的,但是"秃驴"一出口,长老非但不领情,反而甚感愠怒。

距离产生美:由于施动者为达到最佳关联和预期效果,会扩大语义距离和理解阻力,制造语用距离,以延伸受动者的审美过程。理解过程中,只有当受动者的经验系统和表达者的经验系统至少有一部分对接时,才可能覆盖这些距离,在真正意义上实现交际效果。语言文化单位的使用是一种拉长理解距离的典型情况,因此它的理解向受动者提出了更高的要求:除了正常解析言语概念意义外,还需要受动者对非概念意义进行联想,并最终达成修辞效果和情感认同。对于非常规使用语言文化单位时的理解,还需要受动者对原始语言文化单位进行追溯,并在心理空间实现目标域到源域的迁移,审美过程进一步延伸。

(35) Не стоит думать, что **привычка поздно ложиться — ваша вторая натура**. [А. Шубин. Путь к благополучию (2000)]

译文:不要认为,习惯晚睡是你们的第二天性。

上述例句中,作者对语言文化单位"привычка — вторая натура"(习惯是人的第二天性)进行了改造,更加贴合具体语境,并制造了双重理解距离。读者在理解的过程中反向追溯语言文化单位,实现了审美过程。

(36) **Одна голова — хорошо, а две — креативно**. (http://maxpark.com)

译文：人多创造力强。

上述例句中，作者对语言文化单位"Ум хорошо, а два — лучше"（人多智广）进行了转用，语义没有大的转变，但制造了双重理解距离。读者在理解的过程中，反向追溯语言文化单位，体会到作者意图营造的具体意义，实现审美过程。

结合本章 4.2.3 的论述，可以得出，创新是整个修辞的生命。修辞过程就像一部运转的加密机，每一个修辞行为就像一次加密操作，每一个修辞单位，就像一组密码，而解读的过程就是一个破译密码的过程。在对密码成功地进行破译后，析出言语意义并为破译下一个密码产生心理期待，做好心理准备。加密就是拉开距离，为解码设置障碍，为快速运动的意识流刹车，吸引对方的注意，调动其好奇心，在难易的变化中，在期望破译成功的心理作用下，将意识牢牢地集中在解码和破解修辞密码之上，并在破译成功所带来的兴奋之中完成对整个言语片段的接受，从中获得美的享受。（孙汉军，2009）

变化产生美：在修辞接受的过程中，言语文化单位对常规的适度偏离，对受动者的潜能产生刺激的作用，而受动者本身具有刷新接受潜能，即创新求异的本质。如果受动者能够实现前 3 种美学机制，那么施动者所期待的刺激受动者审美感觉的优化效果就也能够实现。

（37）**Москва не верит ни слезам, ни слухам.** [Борис Васильев. Были и небыли. Книга 1 (1988)]

译文：莫斯科既不相信眼泪，也不相信流言。

上述例句中，作者对语言文化单位"Москва слезам не верит"（莫斯科不相信眼泪）进行了改写。读者在理解的过程中，会联想到语言文化单位原形，实现变化带来的更好审美效果。

（38）**Рыба ищет, где глубже и нет радиации**. (Тихоокеанская звезда. Хабаровский край)

译文：<u>鱼往深处和没有辐射的地方游</u>。

上述例句是一则新闻标题，新闻报道的是 2011 年 3 月日本福岛核电站核泄漏对俄罗斯远东地区水域和养鱼业造成的影响。标题源自语言文化单位"Рыба ищет, где глубже, человек — где лучше"（<u>鱼往深水游，人往高处走</u>），作者根据实际语境进行了加工。如此一来，读者在理解的过程中，不仅获得形象直观的描述，还使印象更深刻。

需要指出的是，审美自由的无限性，使受动者在审美对象面前，不断地进行审美超越。这种超越，常常以受动者心理结构的自我调节为前提。正是这种不断的自我否定和自我超越，使修辞接受活动体现为一个开放系统，显示出其创新求异的本质特征。

4.3.4 心理机制

话语理解过程中，受动者的心理对其阐释活动有着全方位的统辖。瑞士心理学家皮亚杰认为，人的认知活动是先使客体同化于主体的心理图式之中，当主体的心理图式不能同化客体时，便调整原有的图式，以顺应客体。因此，人的心理结构在运动中保持平衡。这种平衡具有自我调节的意义。（谭学纯等，2001：

321）该理论从普遍的意义上解释了客观世界和人类主观世界之间的关系，其理论核心同样涵盖修辞话语作为接受对象和受动者能力之间的关系。

受动者的社会心理基础在于一定的社会文化域内对特定事物或现象稳定的文化－心理联想，表达了社会成员共同的心理定势、认知模式、角色认同和情感评价。如果受动者可以通过表层的言语文化单位辨认出深层的语言文化单位，并产生特定的民族情感和价值评价，那么施动者借助语言文化单位拉近心理距离的意图就可以实现。

非常规使用语言文化单位时，习惯性接受心理和修辞贵在创新的本质之间会产生尖锐的冲突。修辞活动重视"追求最佳交际效果"这一本质，也常常诱使表达者挣脱旧有规范，它往往造成一定阶段的接受阻隔。在这一段时间里，接受者相对稳定的心理结构，因为不断受到新刺激而得到改造，新的接受表象逐渐形成并重新趋于稳定。当新形式、新风格重新成为接受者表象储存的一部分时，新的接受心理便成为可能。（谭学纯等，2001：318）

（39）**На как-нибудь надейся, а сам не плошай.**
译文：不管有什么指望，自己都不要大意。

（40）**На дядю надейся, а сам не плошай**.
译文：指望叔叔，自己也不能大意。

上述两个例句的源头，即其先例文本是"На бога надейся, а сам не плошай"（自助者天助）。在使用过程中，施动者根据对语境和受动者的认知,对常体做出调整,并逐渐被受动者接受,形成了新的接受表象,甚至沉淀下来,被录入词典。

再如,一则灭蚊剂的广告语"默默无蚊"利用谐音手段,使受动者首先对相应语言文化单位"默默无闻"进行追溯,但是"灭蚊"与"不求名利,勤勤恳恳"的伴随意义不能形成关联,受动者遭遇解析挫折后会重新对广告语进行概念意义的解读,同时将语言文化单位的伴随意义部分迁移到修辞目标的描写上来,并产生积极的情感认同。

4.3.5 文化机制

巴赫金特别重视社会语境对词义和话语意义的决定性作用。他认为,我们对某个话语的理解是建立在与其他话语相互比照的基础上的。理解这种动态的对话运动分成若干阶段,它的出发点是该话语,向后运动是过去的语境,向前运动是对未来语境的预感:"话语的每一个词语(每一个符号)都引导人走出话语的范围。任何的理解都要把该话语与其他话语联系起来……话语只是在与其他话语(语境)的相互关联中才有生命。"(巴赫金,1998:379—380)因此不同的话语互为语境,形成对话关系。正是因为存在这种对话关系,语言文化单位的使用才具有修辞表现力。在常规使用时,言语文化单位和其提取源头的先例话语形成对话;而在非常规使用时,则形成与语言文化单位以及先例话语的两级对话。受动者完成对话过程时,也理解了施动者的意图,达到了认同和修辞效果。

人类精神活动的丰富性决定了修辞活动的复杂性,同一话语被不同的接受心理结构图式所同化,产生的是不同的心理现实。

第四章 语言文化单位的言语层阐释：生成与理解

在修辞活动中，人的关系体现为施动者和受动者的关系，这种关系是社会性的。当施动者传递出一个话语片断的时候，他的社会意识便和受动者的社会意识相碰撞。共同的社会文化契约，使受动者和表达者的意识碰撞通常是相知相宜的。受动者在选择修辞信息的时候，具有个人性，同时也具有社会属性，不能超越社会公认的准则。因此，共同的社会文化心理积淀，是产生共同生成和理解的基础，即生成与理解具有相对确定性的保障。通常，这种积淀建立在操同一母语的社会成员的修辞活动中，假如施动者和受动者使用的是不同的母语，其共同的社会文化背景有可能消失并对跨文化交际和翻译造成障碍。也就是说，修辞活动是言语交际双方共同创造最佳交际效果的审美活动，因此受动者的统觉基础及其所属的文化构成修辞接受的参照系，决定修辞活动是否成功，修辞效果是否理想。如果施动者和受动者因审美经验和文化经验的不同存在隔阂，就会造成信息等值、减值、增值和改值的情况。例如，没有相关文化背景知识的中国人面对"хлеб и соль（面包和盐）"（迎接贵宾）没有积极反应，而俄罗斯人听到"凤辣子"时脑海里并不能产生一个"地位尊贵、咄咄逼人、泼辣精明"的丰满形象。语言文化单位正是造成这种障碍的主要原因。再如：

（41）Наш вокзал чем-то похож на «**потемкинскую деревню**». (http://www.ukr.net/news/nash)

译文：我们的车站有点像"波将金的村庄"。

上句中，作者使用了语言文化单位"потемкинскую деревню"，直义为"波将金的村庄"，实际指"装饰门面、弄虚作假、表面工夫",对车站的虚假繁荣进行了嘲讽。如果读者没有相关的文化背景知识,就不能体会作者的意图,甚至会造成误解。

(42) 毫无疑问,我们这代人受到了很多议论和批评。如果这些议论和批评是一场场考验我们的暴风雨,如果这些议论和批评能够促进我们成长,那就**让暴风雨来得更猛烈些吧!**(http://news.qq.com)

上句中,"让暴风雨来得更猛烈些吧!"(Пусть сильнее грянет буря.)是苏联著名作家高尔基(М. Горький)名作《海燕之歌》(«песня о буревестнике»)中的名句。《海燕之歌》以其形象描写和对革命的热情歌颂在中国掀起一股热潮,其最后一句"让暴风雨来得更猛烈些吧!"也被奉为经典,得到广泛应用。基于此,熟悉该语言文化单位的读者会对作者的意图心领神会,促成交际的成功。

4.3.6 时代品味机制

在修辞理解过程中,时代性首先体现在受动者的接受机制上。受社会文化和语言不断发展的影响,作为修辞主体的受动者的修辞资源储备和接受心理受到冲击。其中,个人修辞资源储备和社会修辞资源互为推动力。个人的修辞创新性话语如果被社会大众逐渐认可接受,就进入社会修辞资源;之后对更多的人产生影响并进入他们的个人修辞资源储备。同理,接受心理也具有开放性,在不断的冲击下发生着新陈代谢。

新的语言文化单位在逐渐被大众认可时,常常会出现只有一部分人将其修辞效果变为现实,而另外一部分人则感到困惑费解的情况。例如,汉语中出现的网络新词"雷人"、"山寨"、"我的地盘我做主"等。语言文化场具有开放性,新的语言文化单位不断进入场内的同时,现有的语言文化单位也有一些逐渐失去修辞活力,退出历史舞台,或衍生新的语义。不同时代的人往往体现出修辞言语上的代沟,中老年人不理解年轻人对周杰伦文化的崇拜,同样,"样板戏"虽不能燃起当代年轻人热情,却能唤起中老年人对激情年代的回忆。因此,受动者作为修辞效果的实现者,应该保持与时代的同步,不断学习,提高接受能力。例如:

(43) Партия регионов избрала своим лозунгом фразу «ДА ЗРАВСТВУЕТ ДЕРЬМОКРАТИЯ». (http://ru.obkom.net/news/2006-10-06)

译文:地区党选的口号是"<u>臭民主万岁</u>!"。

上述例句中,"дерьмократия"(臭民主)仿自"дерьмо"(粪便)和"демократия"(民主)两词,是在新的时代环境下产生的新词汇,带有辛辣的讽刺意味。该词被读者慢慢接受,渐渐成为与"地区党"相关的新语言文化单位。

(44) **Незванный гость — хуже татарина**. (http://smartnews.ru/regions/chita)

译文:<u>不速之客比鞑靼人还坏</u>。

上述例句是俄语传统谚语,赤塔一家报社三周年庆典以此为标语做宣传。当地警方接到匿名举报,声称此标语有极端主义倾向。虽然警方经调查得出,该标语没有极端主义含义。但这次举

207

报也反映了时代变迁对受动者理解语言文化单位的影响。

  研究语言文化单位的使用，尤其是非常规使用，不仅可以指导修辞实践，还可以把握该场名－主题的文化内涵如何变化发展，加深学习者对对象主题的动态掌握。

4.4 本章小结

  综上所述，在具体修辞活动中，言语文化单位的生成和理解机制可从认知机制、个性化机制、审美机制、心理机制、文化机制和时代品味机制等 6 个层级进行阐释。

  言语文化单位生成时，认知机制体现为施动者根据对受动者、修辞资源和语境的认知，对修辞意念进行文化和情态加工，从自身具备的修辞资源选择语言文化单位生成言语文化单位，或对其加以个性化创造的过程；个性化机制是修辞的运作机制和动力，体现施动者的主观能动性和创造性，更是施动者非常规使用语言文化单位（即在可辨认范围内对其加以改造）的诱因；审美机制体现为合理产生美、适宜产生美、距离产生美和变化产生美等 4 个层级，其中，言语文化单位正是在语义上与民族文化同义主导手段之间形成语义距离（非常规使用时和常体以及民族文化同义主导手段之间生成两级语义距离），制造了理解阻力，增强了修辞表现力和感染力；心理机制体现在施动者心理和受动者心理对话语建构的作用以及语言文化单位在调整心理距离的作用上；文化机制体现在宏观民族文化语境之于言语文化单位生成的基础性作用；时代品味机制体现为言语文化单位的生成和时代的共变关系上，即基于文化的时代性而产生的言语文化单位生成的差异性。

第四章 语言文化单位的言语层阐释：生成与理解

阐释言语文化单位的理解时，同样可从认知、个性化、审美、心理、文化和时代品味等 6 个层级的修辞机制入手，阐释修辞效应，即表现力和感染力如何从"可能"转变为"现实"。其中，认知机制体现为受动者必须具备语言文化单位的知识，并在对施动者和语境的认知基础上，从自身具备的修辞资源中追溯联想出语言文化单位；而个性化机制则体现受动者的主观能动性和创造性，以及对言语文化单位构成的语言文化场乃至民族个性动态发展的促进作用；审美机制体现受动者理解言语文化单位的过程履行合理产生美、适宜产生美、距离产生美甚至变化产生美等 4 个美学机制，并从中获得美的享受；心理机制体现在受动者心理对言语文化单位理解的统辖作用以及言语文化单位在拉近心理距离上的作用；文化机制体现在宏观民族文化语境之于言语文化单位理解的基础作用，以及基于文化的民族性而产生的言语文化单位理解的差异性；时代品味机制体现为言语文化单位的理解和时代的共变关系，即基于文化的时代性而产生的言语文化单位理解的差异性。

这 6 种机制并不相互孤立，而是共同作用、相互制约并体现言语文化单位的生成和理解，并体现在其生成和理解的过程中。其中，认知机制、审美机制、心理机制的共同作用保障了最佳修辞效果建立和实现的确定性，而个性化机制、文化机制和时代品味机制则体现了修辞施动和受动的不确定性，即个体性、民族性和开放性。正是这些机制的共同作用使言语文化单位获得文化认同功能、文化传播功能、情感表现力功能、取信功能和替代功能等修辞功能，甚至在非常规使用时还衍生了"语言创新功能"这一动态性功能，并使得这些功能所共同衍生的修辞效力得以实现。

  通过本章对言语文化单位生成和理解的阐释研究，结合第二章对语言文化单位的语言层描写和第三章对言语文化单位的言语层描写，本研究基本完成了对语言文化单位的修辞学研究模式构建。当然，囿于笔者的学术水平，这种模式是粗浅的。继续吸收新的学术成果，以更多、更新的语言素材为基础，进一步修正和完善本研究旨在建立的研究模式，是笔者未来的研究方向。

结 束 语

　　语言文化单位是语言文化学提出的术语，是构建"民族个性"语言文化场的基本元素。从修辞学角度对其进行研究，旨在揭示其作为修辞资源在形态、语义和特征层面的独特性，在具体使用过程中行使的功能、产生的修辞效力，以及产生和实现修辞效力的深层机制，从而建立涵盖语言和言语两个层面、描写和阐释并重的语言文化单位的修辞学研究模式。

　　本研究的主要观点大致可概括为以下几点：

　　（1）从修辞学研究语言文化单位具有一定的现实性和可行性。在跨语言、跨民族、跨文化交流方兴未艾的今天，民族间求同存异成为趋势。研究民族个性，不仅可以促进对本民族以及其他民族文化的了解和把握，在新的经济与文化层次中坚持同一性与差异性的辩证性发展；也可以有效消除跨文化交际中可能出现的障碍，追求最佳交际实效。对语言学而言，研究民族文化的实质及其在言语交际过程中的体现和作用具有重要的现实意义。修辞学是研究人们使用语言追求最佳交际实效的语言学分支，注重集语言层研究和言语层研究为一体的系统性学科。其中，语言单位即修辞资源的研究是进行言语研究的基础。具有民族文化意的语言单位集中体现民族文化的实质。在实际运用中,尤其是在跨文化交际中,这种特有的民族文化意义不仅能够增强言语的表现力和感染力,甚至在很多时候决定了言语交际的成败。语言文化学出于自身的学术兴趣和研究方向,挖掘语言文化单位,即研究民族个性的中介单位中潜藏的物质和精神文化,而未将其在交际过程中的实际运用,如何为听话者所接受并达到交际实效等问题列入研究范围。因此,本研究认为,从修辞学——研究使用语言追求最佳交际实效的语言学分支——角度解决这些问题具有一定的现实性和可行性。

(2) 语言文化单位作为修辞资源,在形态上体现为词位到超句位的完整链条;在语义上是语言内和语言外意义的综合体,其中,语言外意义可划分为文化伴随意义和修辞伴随意义,前者对后者有着一定的因果制约关系;在特征上具有超个性、认知性、结构相对固定性和文化语义定型性。据此,可将语言文化单位界定为"具有结构相对固定、民族语义定型化、能够引发特定民族情感和价值评价的修辞资源"。

(3) 语言文化单位在言语层生成相应的言语文化单位。使用类型分为常规使用和非常规使用两种。其中,语言文化单位常规使用时,生成的言语文化单位不仅执行语言单位本身固有的交际功能和认知功能,还执行文化认同功能、文化传播功能、情感表现力功能、取信功能和替代功能等 5 项功能;非常规使用语言文化单位时,使用的语言手段从方法论上可以划分为音位、形态、句法和词汇-语义等 4 个层次;言语文化单位的生成模式可从对话-互文角度进行归纳;言语文化单位和语言文化单位之间的对话-互文关系使得其不仅执行交际功能、认知功能、文化认同功能、文化传播功能、情感表现力功能、取信功能和替代功能等7项功能，还衍生了新的功能——语言创新功能。这些功能相互联系、共同作用，从而产生修辞效应。

（4）本研究认为，修辞是"以感染（影响）为目的，以认知性（人的认知机制）为基础，以选择性（客体多元性）为前提，以对话性（接受心理）为原则，以个性化为机制，追求最佳交际实效（审美）的语言运作"。其中，认知是修辞的本质属性，认知机制是修辞的基础；选择客体的多元性即修辞资源的多元性，修辞资源即语言手段具有民族文化属性和时代品味属性；对话性原则主要体现在修辞施动者要关注受动者的接受心理和统觉背景；个性化体现人创新求异的本性；而对最佳交际实效的追求则体现在审美层次，因为修辞的过程是人对世界的审美过程，只要人使用语言去影响他人，就进入了审美境界。由此，可将修辞话语建构过程分为认知、个性化、审美、心理、文化和时代品味等6个层级的运作机制。也就是说，这6个层级的修辞机制共同运作构建了修辞话语。修辞活动是言语交际双方共同创造最佳交际实效的审美活动。而所谓最佳交际实效，在施动者那里，只具有可能性；在受动者那里，才具有现实性。因此，修辞话语的理解机制具有同样重要的研究价值。鉴于话语的生成和理解是一组可逆的、互动的过程，共同构成完整的修辞活动，本研究认为，可以借鉴话语生成的过程，同样从认知、个性化、审美、心理、文化和时代品味等6个层级对话语理解机制进行相应的阐释。

（5）言语文化单位生成时，认知机制体现为施动者根据对受动者和语境的认知，对修辞意念进行文化和情态加工，从自身具备的修辞资源中选择语言文化单位生成言语文化单位，或对其加以个性化创造；个性化机制是修辞的运作机制和动力，体现施动者的能动性和创造性，更是施动者非常规使用语言文化单位的诱因；审美机制体现为合理产生美、适宜产生美、距离产生美和变化产生美等4个层级，其中，言语文化单位正是在语义上形成和民族文化同义主导手段（非常规使用时和常体以及民族文化同义主导单位）形成语义距离，制造了理解阻力，从而增强了修辞表现力和感染力；心理机制体现在施动者心理和受动者心理对言语文化单位生成的限制，以及言语文化单位在调整心理距离的作用上；文化机制体现在宏观民族文化语境之于言语文化单位生成的基础性作用；时代品味机制体现为言语文化单位的生成和时代的共变关系上。这6种机制并不相互孤立，而是共同作用、相互制约和体现言语文化单位的生成，即修辞效果的建立。其中，认知机制、审美机制和心理机制的共同作用保障了"可能性"最佳修辞效果的确定性，而个性化机制、文化机制和时代品味机制则体现了修辞接受的不确定性，即个体性、民族性和开放性。正是这些机制的共同作用使言语文化单位获得文化认同功能、文化传播功能、情感表现力功能、取信功能和替代功能等修辞功能，甚至在非常规使用时还衍生了"语言创新"的动态性功能。

（6）阐释言语文化单位的理解，即阐释修辞表现力和感染力如何从"可能"转变为"现实"。其中，认知机制体现为受动者必须具备语言文化单位的知识，并在对施动者和语境的认知基础上，从自身具备的修辞资源中追溯联想出语言文化单位；个性化机制则体现为受动者的能动性和创造性，以及对言语文化单位构成的语言文化场乃至民族个性动态发展的促进作用；审美机制体现言语文化单位履行合理产生美、适宜产生美、距离产生美和变化产生美等4个美学机制，使受动者从中获得美的享受；心理机制体现在受动者心理对言语文化单位理解的统辖作用以及心理距离的拉近；文化机制体现在宏观民族文化语境之于言语文化单位理解的基础性作用，以及基于文化的民族性而产生的言语文化单位理解的差异性；时代品味机制体现为言语文化单位的理解和时代的共变关系，以及基于文化的时代性而产生的言语文化单位理解的差异性。这6种机制并不相互孤立，而是共同作用、相互制约。其中，认知机制、审美机制、心理机制的共同作用保障了施动者预期的最佳修辞效果由"可能"变"现实"的确定性，而个性化机制、文化机制和时代品味机制则体现了修辞接受的不确定性，即个体性、民族性和开放性。正是言语文化单位生成和理解的各级机制共同作用，才使得其各项功能所共同衍生的修辞效力得以实现。

　　本研究认为，建立语言文化单位的修辞学研究模式（描写与阐释）的理论价值在于：不仅对修辞学研究来说是一种新的尝试，还和语言文化学形成学术研究方向上的互补。实践意义在于：无论是对研究对象国民族的个性形成与文化教养，还是对外语教学和翻译实践，都有一定的指导意义。

参考文献

［1］Ананьева Н. Э. Языкознание [M]. М., 2004.

［2］Антипов Г. А. и др. Текст как явление культуры [M]. М., 1989.

［3］Арутюнова Н. Д. Метафора и речь [A]. сб. теория метафоры [C]. М., 1990.

［4］Арутюнова Н. Д. язык и мир человека [M]. М., 1998.

［5］Ашукин Н. С., Ашукина М. Г. Крылатые слова [M]. М., 1987.

［6］Балли Ш. Французская стилистика [M]. М., 1961.

［7］Балли Ш. Язык и жизнь [M]. М., 2003.

［8］Бахтин М. М. Формальный метод в литературоведении [M]. М., 1998.

［9］Бахтин М. М. Проблема автора [M] // Эстетика словесного творчества. М., 1977.

［10］Беличиков Ю. А. Стилистика [M]// Русский язык—энциклопедия. М., 1998.

［11］Бердяев Н. А. Русская идея и судьба России [M]. М., 2000.

［12］Брызгунов Е. А. Русская речь налала 90-х годов [J]. Русская словесность, 1994 (3).

［13］Вежбицкая А. Понимание культур через посредство ключевых слов [M]. М., 2001.

［14］Верещагин Е. М., Костомаров В. Г. Лингвострановедческая теория слова [M]. М., 1980.

［15］Верещагин Е. М., Костомаров В. Г. Язык и культура [M]. М., 2005.

［16］Виноградов В. В. Теория поэтической речи [M]. М., 1963.

［17］Виноградов В. В. История слов [M]. М., 1999.

［18］Воробьев В. В. К понятию поля в лингвокультурологии [J]. Русский язык за рубежом, 1991 (5).

［19］Воробьев В. В. Лингвокультурема как единица поля [J]. Русский язык за рубежом, 1994 (4).

［20］Воробьев В. В. Лингвокультурологическая парадигма личности [M]. М., 1996.

［21］Воробьев В. В. Лингвокультурология (теория и методы) [M]. М., 1997.

［22］Гак В. Г. О сопоставительной стилистике [M]// Методы сопоставительной изучения языка. М., 1998.

［23］Гак В. Г. О сопоставительной стилистике [M]// Методы сопоставительного изучения языка. М., 1988.

［24］Гвоздарев Ю. А. Фразеология русского языка [M]. М., 1983.

［25］Гвоздев А. Н. Очерки по русской стилистике [M]. М.,

1955.

［26］Георгий Ф. Россия и свобода: сборник статей [M]. New York: Chalidze, 1981.

［27］Голуб И. Б. Стилистика современного русского языка [M]. М., 1986.

［28］Горшков А. И. «Интертекстуальность» и межтекстовые связи [M]// Слово и текст в диалоге культур. М., 2000.

［29］Горшков А. И. Лекции по русской стилистике [M]. Г., 2000.

［30］Гудков Д. Б. Межкультурная коммуникация: проблемы обучения [M]. М., 2000.

［31］Гудков Д. Б. Прецедентное имя и проблемы прецедентности [M]. М., 1999.

［32］Гумбольдт В. Фон. Язык и философия культуры [M]. М., 1985.

［33］Даль В. Пословицы русского народа (в 3-х томах) [M]. М., 1994.

［34］Даль В. Толковый словарь живого великорусского языка [M]. т. I - IV . М., 1955.

［35］Душенко К. В. Словарь современных цитат [M]. М., 1997.

［36］Ефимов А. И. Стилистика художественной речи [M]. М., 1957.

［37］Жуков В. П. Русская фразеология [M]. М., 1986.

［38］Жуков В. П. Словарь русских пословиц и поговорок [M]. М., 1991.

[39] Жуков В. П. Словарь фразеологических синонимов русского языка [M]. М., 1987.

[40] Земская Е. А. Цитация и виды ее трансформации в заголовках современных газет [M] // Поэтика. Стилистика. Язык и культура. М., 1996.

[41] Караулов Ю. Н. Язык и личность [M]. М., 1988.

[42] Караулов Ю. Н. Русский язык и языковая личность [M]. М., 1987.

[43] Касьянова К. Особенности русского национального характера [M]. М., 1993.

[44] Кожина М. Н. Стилистика русского языка [M]. М., 1993.

[45] Кожина М. Н. и др. Стилистический энциклопедический словарь русского языка [M]. М., 2003.

[46] Комлев Н. Г. О культурном компоненте лексического значения [J]. Вестник Московского университета, 1966 (5).

[47] Костомаров В. Г. Русский язык в современном диалоге культур [J]. Русский язык за рубежом, 1999 (4).

[48] Костомаров В. Г. Языковой вкус эпохи [M]. М., 1994.

[49] Костомаров В. Г. Наш язык в действии: очерки современной русской стилистики [M]. М., 2005.

[50] Костомаров В. Г., Бурвигова Н. Д. Как тексты стали прецедентными [J]. Русский язык за рубежом, 1994 (1).

[51] Костомаров В. Г., Бурвигова Н. Д. Старые мехи и молодое вино [M]. М., 2000.

[52] Красных В. В., Гудков Д. Б., Брилева И. С., Вольская

Н. П., Захаренко И. В. Русское культурное пространство. Лингвокультурологический словарь [M]. М., 2004.

［53］Красных В. В. Стереотип: необходимая реальность или мнимая необходимость [M]// Международная ассоциация преподавателей русского языка и литературы. М., 1999.

［54］Крысин Л. П. Социолингвистические аспекты изучения современного русского языка [M]. М., 1989.

［55］Крысин Л. П. Жизнь слова [M]. М., 1980.

［56］Кубрякова Е. С. Возвращаясь к определению знака [J]. ВЯ, 1993 (4).

［57］Кубрякова Е. С. Роль словообразования в формировании языковой картины мира [M]// Роли человеческого фактора в языке. Язык и картина мира. М., 1988.

［58］Кубрякова Е. С. Язык и знание [M]. М., 2004.

［59］Лекант П. А. Справочник лингвистических терминов [M]. М., 2000.

［60］Лермонтов М. Ю. Избранные произведения [M]. М., 1985.

［61］Лузина Л. Г. Основные направления развития современной стилистики [M]// Лингвистические исследования в конце XX веков. М., 2000.

［62］Маслов Ю. С. Введение в языкознание [M]. М., 1987.

［63］Маслова В. А. Лингвокультурология [M]. М., 2001.

［64］Маслова В. А. Когнитивная лингвистика [M]. Минск, 2005.

[65] Новиков Л. А. Семантика русского языка [M]. М., 1982.

[66] Одинцов В. В. Стилистика текста [M]. М., 1980.

[67] Падучева Е. В. Говорящий: Субъект речи и субъект сознания [M]// Логический анализ языка. Культурные концепты. М., 1991.

[68] Пашина А. В. Концепт человека в сказках И. М. Ермакова [D]. Тюменский государственный университет, 2006.

[69] Попова Е. А. Человек как основополагающая величина современного языкознания [J]. ФН, 2003 (3).

[70] Потебня А. А. Мысль и язык [M]. Харьков, 1973.

[71] Прохоров Ю. Е. Лингвострановедение в обеспечении межкультурного обучения на русском языке [J]. Русский язык за рубежом, 1995 (2-3).

[72] Прохоров Ю. Е. Национальные социокультурные стереотипы речевого общения и их роль в обучении русскому языку иностранцев [M]. М., 1996.

[73] Розенталь Д. Э. Практическая стилистика русского языка [M]. М., 1987.

[74] Рябцева Н. К. Ментальная лексика, когнитивная лингвистика и антропоцентричность языка [M]. М., 2000.

[75] Санников В. З. Русский язык в зеркале языковой игры [M]. М., 1999.

[76] Семенец О. П. Прецедентный текст в языке газеты [D]. М., 2005.

[77] Сепир. Э. Статус лингвистики как науки [M]// Избранные

труды по языкознанию и культурологии. М., 1993.

［78］Сергеева А. Русские [M]. М., 2004.

［79］Солганик Г. Я. Стилистика русского языка [M]. М., 1995.

［80］Солганик Г. Я. Стилистика текста [M]. М., 1997.

［81］Соловьев В. М. Тайны русской души [M]. М., 2002.

［82］Степанов Ю. С. Константы. Словарь русской культуры: опыт исследования [M]. М., 1997.

［83］Степанов Ю. С. Русская культура [M]. М., 1996.

［84］Стернин И. А. Введение в речевое воздействие [M]. Воронеж, 2001.

［85］Телия В. Н. Русская фразеология [M], М., 1996.

［86］Токарев Г. В. Концепт как объект лингвокультурологии [M]. Волгоград, 2003.

［87］Тютчев Ф. Русская звезда [M]. М., 1993.

［88］Фатеева Н. А. Контрапункт интертекстуальности или интертекст в мире текстов [M]. М., 2000.

［89］Хованская З. И. Стилистика французского языка [M]. М., 1984.

［90］Шанский Н. М. Фразеология современного русского языка [M]. М., 1985.

［91］Шведова Н. Ю. Очерки по синтаксису русской разговорной речи [M]. М., 1960.

［92］Шмелев А. Д. Русская языковая модель мира [M]. М., 2002.

［93］Шмелев Д. Н. Русский язык в его функциональных

разновидностях [M]. M., 1977.

［94］Щерба Л. Избранные работы по русскому языку [M]. M., 1957.

［95］Юдин А. В. Русская народная духовная культура [M]. M., 1999.

［96］Язык. Культура. Общество [C]. M., 1993.

［97］Язык. Человек. Картина мира [C]. Омск, 2000.

［98］Янко Т. Е. Коммуникативные стратегии русской речи [M]// Языки славянской культуры. M., 2001.

［99］Lakoff G, Johnson M. Metaphors We Live By [M]. University of Chicago Press, 1980.

［100］Paulin Rosenau. Post-Modernism and Social Sciences [M]. Princeton: Princeton University Press, 1992.

［101］Kenneth Burke. A Grammar of Motives [M]. Berkeley: University of California Press, 1969.

［102］Kenneth Burke. "Rhetoric—Old and New" in New Rhetorics [M]. New York: Scribner's son, 1967.

［103］巴赫金. 文本 对话与人文 [M]. 石家庄：河北教育出版社，1998.

［104］尼·别尔嘉耶夫. 俄罗斯思想 [M]. 上海：三联书店，1995.

［105］波里先科，普罗霍洛夫，郭聿楷. 俄罗斯文化国情辞典 [M]. 北京：外语教学与研究出版社，2002.

［106］曹勇. 汉英民族思维模式对其语言表达的影响 [J]. 河南大学学报：社会科学版，2006（3）.

[107] 陈炯. 中国文化修辞学 [M]. 南京：江苏古籍出版社, 2001.

[108] 陈汝东. 认知修辞学 [M]. 广州：广东教育出版社, 2001.

[109] 陈汝东. 社会心理修辞学导论 [M]. 北京：北京大学出版社, 1999.

[110] 陈思清. 语言哲学及其对语言学的贡献 [J]. 现代外语, 1991（1）.

[111] 程家钧. 现代俄语与现代俄罗斯文化 [M]. 上海：上海外语教育出版社, 1999.

[112] 程千山. 俄语理论语法教程 [Z]. 洛阳：解放军外国语学院自编教材, 1997.

[113] 辞海编辑委员会. 辞海 [M]. 上海：上海辞书出版社, 1989.

[114] 从莱庭, 徐鲁亚. 西方修辞学 [M]. 上海：上海外语教育出版社, 2007.

[115] 崔卫, 刘戈. 对比语言学导论 [M]. 哈尔滨：黑龙江人民出版社, 2000.

[116] 戴昭铭. 文化语言学导论 [M]. 北京：语文出版社, 1996.

[117] 邓慧荣. 从中国地名透视汉族人的思维方式和社会心理 [J]. 学术交流, 2003（12）.

[118] 邓志勇. 西方"新修辞学"及其主要特点 [J]. 四川外语学院学报, 2001（1）.

[119] 邓志勇. 西方修辞哲学的几个核心问题 [J]. 四川外语

学院学报，2007（2）.

[120] 邓志勇，杨涛. 英语修辞学与现代西方哲学思潮［J］. 外语教学，2001（1）.

[121] 丁昕. 俄语成语研究［M］. 北京：军事谊文出版社，2001.

[122] 董小苹. 外来文化对中国青少年的影响及应对策略［J］. 青年研究，2001（11）.

[123] 董小英. 再登巴比伦塔：巴赫金与对话理论［M］. 北京：生活·读书·新知三联书店，1998.

[124] 杜桂枝. 20世纪后期的俄语学研究及发展趋势：1975—1995［M］. 北京：首都师范大学出版社，2000.

[125]［德］恩斯特·卡西尔. 人论［M］. 甘阳，译. 上海：上海译文出版社，2004.

[126]［德］恩斯特·卡西尔. 人文科学的逻辑［M］. 关子尹，译. 上海：上海译文出版社，1997.

[127] 方汉文. 比较文化学［M］. 桂林：广西师范大学出版社，2003.

[128] 冯绍雷，相蓝欣. 转型中的俄罗斯社会与文化［M］. 上海：上海人民出版社，2005.

[129] 格奥尔吉耶娃 T. C. 俄罗斯文化史：历史与现代［M］. 北京：商务印书馆，2006.

[130] 顾倩. 俄语广告篇章中的先例现象［D］. 长春：吉林大学，2007.

[131] 顾霞君，冯玉律. 俄语实践修辞学［M］. 上海：上海外语教育出版社，1998.

[132] 桂诗春, 宁春岩. 语言学方法论 [M]. 北京: 外语教学与研究出版社, 1997.

[133] 洪堡特. 论人类语言结构的差异及其对人类精神发展的影响 [M]. 北京: 商务印书馆, 2000.

[134] 韩红. 关于文化深蕴辞 (логоэпистема) 与文化浅蕴辞 (экфорема) [J]. 中国俄语教学, 1999 (4).

[135] 胡曙中. 美国新修辞学研究 [M]. 上海: 上海外语教育出版社, 2001.

[136] 华劭. 语言经纬 [M]. 北京: 商务印书馆, 2003.

[137] 黄苏华, 刘光准. 俄语语言文化辞典 [M]. 郑州: 文心出版社, 2005.

[138] 姜平. 中西修辞学发展初探 [J]. 四川教育学院学报, 1998 (1).

[139] 鞠玉梅. 从西方修辞学的新理论看修辞学的发展趋势 [J]. 四川外语学院学报, 2003 (1).

[140] 卡尔·曼海姆. 文化社会学论集 [C]. 艾彦, 郑也夫, 冯克利, 译. 沈阳: 辽宁教育出版社, 2003.

[141] 科列索夫 B.B. 语言与心智 [M]. 杨明天, 译. 上海: 上海三联书店, 2006.

[142] 肯尼斯·博克, 等. 当代西方修辞学: 演讲与话语批评 [M]. 常昌富, 顾宝桐, 译. 北京: 中国社会科学出版社, 1998.

[143] 黎运汉. 修辞学研究对象的文化透视 [J]. 暨南学报: 哲学社会科学版, 1994 (3).

[144] 李萌. 隐喻的人本原则及其在语言中的表现 [D]. 洛阳: 解放军外国语学院, 2006.

[145] 李勤, 等. 俄罗斯语言文化研究论文集: 第二辑 [C]. 上海: 上海外语教育出版社, 2005.

[146] 李锡胤. 李锡胤论文选 [M]. 哈尔滨: 黑龙江人民出版社, 1991.

[147] 李向东. 当代俄罗斯语言与文化研究发展方向 [J]. 外语研究, 2004 (3).

[148] 李鑫华. 博克新修辞学认同说初探 [J]. 外语学刊, 2001 (1).

[149] 李鑫华. 规劝与认同: 亚里士多德修辞学与博克新修辞学比较研究 [J]. 四川外语学院学报, 2002 (4).

[150] 李燕. 文化释义 [M]. 北京: 人民出版社, 1996.

[151] 连淑能. 论中西思维方式 [J]. 外语与外语教学, 2002 (2).

[152] 刘光准, 黄苏华. 俄汉语言文化习俗探讨 [M]. 北京: 外语教学与研究出版社, 1999.

[153] 刘光准. 试论俄语中的某些仿拟现象: 从近十几年俄语名言警句的变体看俄罗斯社会的变化 [J]. 外语学刊, 2001 (4).

[154] 刘进田. 文化哲学导论 [M]. 北京: 法律出版社, 1999.

[155] 刘娟. Концепт 的语言学研究综述 [J]. 外语与外语教学, 2007 (1).

[156] 刘娟. 俄罗斯语言学概念理论的研究对象 [J]. 吉林省教育学院学报, 2005 (4).

[157] 刘宁. 巴赫金论文两篇 [J]. 世界文学, 1995 (5).

[158] 刘润清. 西方语言学流派 [M]. 北京: 外语教学与研究出版社, 2002.

［159］刘佐艳. 表规模、数量词语的模糊性及民族文化特点［J］. 中国俄语教学，2004（4）.

［160］卢植. 认知与语言：认知语言学导论［M］. 上海：上海外语教育出版社，2006.

［161］马广惠. 国外对比修辞研究36年述评［J］. 山东外语教学，2003（3）.

［162］马瑞明. "俄罗斯冬天"概念的语言文化学阐释［D］. 洛阳：解放军外国语学院，2007.

［163］苗兴伟. 关联理论与认知语境［J］. 外语学刊，1997（4）.

［164］庞朴. 文化的民族性和时代性［J］. 北京社会科学，1986（2）.

［165］庞朴. 文化结构与近代中国［J］. 中国社会科学，1986（5）.

［166］彭文钊，赵亮. 语言文化学［M］. 上海：上海外语教育出版社，2006.

［167］彭文钊. 俄罗斯团契概念的语言文化学分析［J］. 中国俄语教学，2005（3）.

［168］彭文钊. 俄语语言世界图景的文化释义性研究：理论与方法［D］. 哈尔滨：黑龙江大学，2002.

［169］彭文钊. 试论象征及其语言的世界图景［J］. 中国俄语教学，1999（1）.

［170］彭文钊. 试论语言文化信息单位及其语义结构完形［J］. 解放军外国语学院学报，2004（3）.

［171］彭文钊. 文本对话中的语言信息单位［J］. 中国俄语教学，2006（3）.

［172］彭在义. 俄语成语释源［M］. 北京：商务印书馆，1983.

［173］普希金. 普希金诗选［M］. 曾冲明，曾凡华，译. 北京：人民文学出版社，1996.

［174］邱明正，朱立元. 美学小辞典［M］. 上海：上海辞书出版社，2007.

［175］萨特. 想象心理学［M］. 北京：光明日报出版社，1988.

［176］申小龙. 语言与文化的现代思考［M］. 郑州：河南人民出版社，2000.

［177］司各特. 论修辞的认知性：十年之后［M］// 肯尼斯·博克，等. 当代西方修辞学：演讲与话语批评. 北京：中国社会科学出版社，1998.

［178］宋洪英. 语言定型的语言文化学分析［D］. 洛阳：解放军外国语学院，2008.

［179］孙汉军. 俄语修辞学［M］. 西安：陕西人民出版社，1999.

［180］孙汉军. 谈现代修辞学研究［J］. 中国俄语教学，2009（2）.

［181］孙汉军. 谈修辞学的传统［J］. 外语教学，2006（3）.

［182］孙汉军. 修辞的对话性［J］. 外语与外语教学，2005（1）.

［183］孙汉军. 语言个性与修辞［J］. 解放军外国语学院学报，2006（2）.

［184］索绪尔. 普通语言学教程［M］. 北京：商务印书馆，2002.

［185］谭素琴. 从思维方式看中西翻译理论传统的差异［J］. 四川师范大学学报：社会科学版，2004（1）.

[186] 谭学纯, 朱玲. 广义修辞学 [M]. 合肥: 安徽教育出版社, 2001.

[187] 谭学纯. 人与人的对话 [M]. 合肥: 安徽教育出版社, 2000.

[188] 汪成慧. 俄汉语言文化对比研究 [M]. 成都: 四川人民出版社, 2004.

[189] 王超尘. 现代俄语理论教程 [M]. 上海: 上海外语教育出版社, 1988.

[190] 王德春, 陈晨. 现代修辞学 [M]. 上海: 上海外语教育出版社, 2001.

[191] 王德春. 语言学概论 [M]. 上海: 上海外语教育出版社, 2003.

[192] 王福祥. 现代俄语辞格学概论 [M]. 北京: 外语教学与研究出版社, 2002.

[193] 王铭玉. 符号学·语言·语言文化的肖像性 [J]. 外语研究, 1994 (4).

[194] 王铭玉. 隐喻和换喻 [J]. 外语与外语教学, 2000 (1).

[195] 王铭玉. 二十一世纪的语言学的八大发展趋势 [J]. 解放军外国语学院学报, 1999 (4-6).

[196] 王铭玉. 语言符号学 [M]. 北京: 高等教育出版社, 2004.

[197] 王松亭. 俄汉语中隐喻共性现象对比研究 [J]. 解放军外国语学院学报, 1999 (5).

[198] 王松亭. 隐喻的机制和社会文化模式 [M]. 哈尔滨: 黑龙江人民出版社, 1999.

［199］王文忠. 修辞活动的民族文化特点［D］. 哈尔滨：黑龙江大学, 2003.

［200］王文忠. 语言-文化研究中的语言个性理论［J］. 外语学刊, 2001 (4).

［201］王希杰. 修辞学通论［M］. 南京：南京大学出版社, 1996.

［202］王英佳. 语言与文化关系研究的力作——В.В.沃罗比约夫的《语言文化学：理论与方法》［J］. 外语与外语教学, 2002 (3).

［203］王寅. 认知语言学［M］. 上海：上海外语教育出版社, 2001.

［204］王臻. 先例现象的理论研究与应用分析［D］. 洛阳：解放军外国语学院, 2008.

［205］温科学. 20世纪西方修辞学理论研究［M］. 北京：中国社会科学出版社, 2006.

［206］吴国华, 杨喜昌. 文化语义学［M］. 北京：军事谊文出版社, 2003.

［207］吴国华, 彭文钊. 论语言世界图景作为语言学的研究对象［J］. 外语与外语教学, 2003 (2).

［208］吴国华. 文化词汇学［M］. 哈尔滨：黑龙江人民出版社, 1996.

［209］吴国华. 语言文化问题探索［M］. 北京：军事谊文出版社, 1997.

［210］吴礼权. 修辞心理学［M］. 昆明：云南人民出版社, 2002.

［211］熊礼贵. 浅谈俄语谚语和俗语的变体：新的口语固定用

语［J］. 中国俄语教学，1997（1）.

［212］许高渝. 语言文化研究在俄罗斯的新发展：弗·瓦·沃罗比约夫的语言文化学理论初探［J］. 中国俄语教学，2001（3）.

［213］亚里士多德. 修辞学［M］. 罗念生，译. 北京：生活·读书·新知三联书店，1991.

［214］亚里士多德. 亚里士多德全集：第九卷［M］. 北京：中国人民大学出版社，1994.

［215］杨仕章，孙岚，牛丽红. 俄汉误译举要［M］. 北京：国防工业出版社，2008.

［216］杨仕章. 俄罗斯民俗文化知识辞典［M］. 北京：军事谊文出版社，2003.

［217］杨仕章. 文化翻译论略［M］. 北京：军事谊文出版社，2003.

［218］杨仕章. 语言翻译学［M］. 上海：上海外语教育出版社，2006.

［219］姚喜明. 政治与修辞学的兴衰［J］. 四川外语学院学报，2002（1）.

［220］姚小平. 洪堡特：人文研究和语言研究［M］. 北京：外语教学与研究出版社，1995.

［221］耶鲁·瑞奇蒙德. 解读俄罗斯人［M］. 北京：中国水利水电出版社，2004.

［222］叶芳来. 俄汉谚语俗语词典［M］. 北京：商务印书馆，2005.

［223］袁晖. 二十世纪的汉语修辞学［M］. 太原：书海出版社，2000.

[224] 曾剑平. 从词语看英汉民族的思维差异 [J]. 外语与外语教学, 2002 (5).

[225] 张会森. 九十年代俄语的变化和发展 [M]. 北京: 商务印书馆, 1999.

[226] 张会森. 世纪之交看修辞学: 回眸和前瞻（上）[J]. 修辞学习, 1998 (5).

[227] 张会森. 修辞学通论 [M]. 上海: 上海外语教育出版社, 2002.

[228] 张沛. 隐喻的生命 [M]. 北京: 北京大学出版社, 2004.

[229] 张新艳. 俄语成语仿拟现象研究 [D]. 长春: 吉林大学, 2005.

[230] 张忠利, 宗文举. 中西文化概论 [M]. 天津: 天津大学出版社, 2002.

[231] 张宗正. 理论修辞学: 宏观视野下的大修辞 [M]. 北京: 中国社会科学出版社, 2004.

[232] 赵爱国, 王清. 俄语语言与文化研究 [C]. 哈尔滨: 黑龙江人民出版社, 2007.

[233] 赵爱国. 语言文化学论纲 [M]. 哈尔滨: 黑龙江人民出版社, 2006.

[234] 赵秋野. 试论语言意识的民族文化特点 [J]. 外语学刊, 2003 (3).

[235] 赵蓉晖. 语言学与哲学: 历史发展与学派溯源 [J]. 解放军外国语学院学报, 2002 (1).

[236] 赵艳芳. 认知语言学概论 [M]. 上海: 上海外语教育出版社, 2001.

[237] 中国大百科全书总编辑委员会. 中国大百科全书 [M]. 北京：中国大百科全书出版社，1988.

[238] 中国社会科学院语言研究所词典编辑室. 现代汉语词典 [M]. 北京：商务印书馆，1979.

[239] 周纪生. 俄汉成语词典 [M]. 武汉：湖北人民出版社，1981.

[240] 周尚文. "俄罗斯思想"与俄罗斯社会转型 [J]. 当代世界与社会主义，2002（4）.

[241] 朱俊霞. 思维模式与文化差异 [J]. 广州大学学报：社会科学版，2002（7）.

[242] 朱立元. 当代西方文艺理论 [M]. 上海：华东师范大学出版社，2003.

[243] 宗守云. 修辞学的多视角研究 [M]. 北京：中国社会科学出版社，2005.

[244] 宗廷虎. 中国现代修辞学史 [M]. 杭州：浙江教育出版社，1990.

[245] 宗廷虎，邓明以，李熙宗，等. 修辞新论 [M]. 上海：上海教育出版社，1988.

后 记

书稿付梓之际，回想起在学术道路上的艰苦跋涉，不禁思绪万千，不绝如缕。读博三年，不知多少个白昼，与书牍为伴；又不知多少个夜晚，与星月相随。三年来，徜徉于图书馆与办公室之内，交游于老师和同学之间，不断求知、迷茫、探索、解惑。虽是短短三年，但终生难忘，想说的话很多，要感谢的人和事，同样数不胜数。

首先，我要感谢我的导师孙汉军教授。孙教授深厚的学术素养、严格的治学风格、高洁的人品风范永远都是我学习的楷模。上课期间，我惊叹于孙教授在俄语修辞学方面的精深造诣，他的倾囊相授和悉心指导奠定了我的学业基础，开阔了我的学术视野，并使我对修辞学研究产生了浓厚的兴趣。在我撰写博士论文期间，从选题到撰稿，导师自始至终悉心指点，热情鼓励，宽容我的无知，耐心加以启迪。每当看到孙教授在我论文初稿上写的密密麻麻的批注时，我都诚惶诚恐，唯恐辜负了导师的殷殷期望。再回首，恩师的字字句句都将成为我终生珍藏的财富。孙教授严谨的学风虽然让人敬畏，但他严厉目光里总是蕴含着"家长"般的温情。提及导师，我无法用简单的"感谢"来表示，导师于我，可谓"师恩如海"。

其次，我要感谢我在读研期间的授业恩师，他们是吴国华教授、王铭玉教授、郅友昌教授、李乐君教授、王松亭教授、易绵竹教授、杨喜昌教授、崔卫教授、杨仕章教授、赵蓉晖教授、何英玉教授和彭文钊教授。正是他们的谆谆教导和学术熏陶，使我掌握了较为广阔的专业知识，具备了饱满的学术热情，养成了良好的学术品质。从他们的授课和对学科论文的指导中，我获益良多。在选题、定题过程中，彭文钊教授、杨仕章教授为我提出来了建设性的意见；易绵竹教授、杨喜昌教授、崔卫教授、樊明明教授和杨仕章教授参加了我博士论文的开题报告会，帮我拓展了思路，并在论文的撰写过程中提供了指导；在论文答辩之际，大连外国语大学的孙玉华院长，黑龙江大学俄语学院的邓军教授，解放军外国语学院的王松亭教授、杨喜昌教授和崔卫教授审阅论文并提出了十分宝贵的建议。

同样，我要感谢解放军外国语学院俄语系的青年才俊杨利芳博士、赵亮博士、牛丽红博士、毕磊博士等为我提供了宝贵的参考资料和论文写作经验，使我对自己的论文写作有了信心。感谢曾经在一个课堂中听课、交流讨论的同学李志勇、姚爱刚、赵卫、卢群等。在漫漫求学路上，我们是真正彼此支持和鼓励的战友。

感谢中国人民解放军外国语学院博士文库出版基金对本书出版的资助。感谢世界图书出版社的编辑为本书的顺利出版提供有力的支持，并提出宝贵意见。

最后，我还要感谢我所有的亲人。感谢我的父母一直以来不变的关心和爱护，我的所有成绩都离不开他们付出的心血，他们

后 记

鬓角的白发和期待的眼神一直是鼓励我不断前进的动力。我的爱人虽然远在北京求学，但是在我感到疲惫和迷茫的时候，他总是默默地鼓励着我，给我前进的勇气。对他们的感谢之情早已化作动力，倾注于笔尖，融入了论文的字里行间。

  凝视着点滴积累的书稿，列数着师长、亲人、朋友、同事的关怀，平日无暇体味的温馨刹那间涌上我的心头。现如今，再无须谈论过去与得失，唯有继续向前和求索才是对人生、才是对他们最好的回报。

李宝玲
2015年5月于洛阳